山《やま》人《うど》として生きる

8歳で山に入り、

100歳で天命を全うした伝説の猟師の知恵

志田忠儀

角川文庫
20250

本書について

この本は、二〇一四（平成二六）年一一月に刊行された単行本『ラスト・マタギ　志田忠儀・98歳の生活と意見』を改題し、文庫化したものである。

著者の志田忠儀《しだただのり》さんは、一九一六（大正五）年生まれ。単行本が刊行されたときは九八歳だった。

志田さんは山形県西村山《にしむらやま》郡西川《にしかわ》町に生まれた。ここは新潟県との県境にほど近く、東北を代表する雄峰・朝日《あさひ》連峰の麓を流れる寒河江川《さがえがわ》に沿って開けた地域である。山深く、緑豊かなこの一帯では、古から人々が自然と一つになって暮らしてきた。

志田さんも幼いころから山に入り、わずか一五歳でクマを仕留めて以降、地元でも指折りの猟師として活躍した。その一方で、磐梯《ばんだい》朝日国立公園の管理人や山岳救助隊あるいは自然保護運動を展開したりと、永年にわたって自然とともに生きていた。

そんな志田さんの暮らしぶりに多くの人が憧れ、遠く海外からも志田さんを慕って訪ねて来たという。

われわれが初めて志田さんにお会いした時は、すでに山に入ることはなかったが、自分がかつて山で体験した様々な興味深い話を聞かせてくれた。猟の途中でいきなりクマに出くわした話、両手で抱えきれないほど川魚を釣った話、野生の猿に抱き着かれたり、テンが家に住み着いた話……。

その矍鑠《かくしゃく》とした姿には、山で生きてきた男の面影が、九八歳になってもなお色濃く残っていたものだった。

その志田さんも、二〇一六年五月二三日に身罷《みまか》った。百歳の大往生だったと聞く。

本書は志田さんが生前に思い出話などを書き溜めた膨大な量の原稿を、編集、構成して、一冊にまとめたものである。

人が自然や動物と共棲《きょうせい》するとはどういうことなのか。本書の中で志田さんは静かに語っている。

編集部

はじめに

小学生たちの「うわー」という声が聞こえてきた。

いったい何ごとだろうと声のした方にいってみると、小学校の校舎の周りを一匹の野生のサルが歩いている。

私は校庭にあった椅子に腰かけ、サルを呼んでみた。すると、そのサルが私の方に近寄って、私のひざの上に乗っかってきた。後頭部を軽く叩《たた》いても、平気な顔をして毛繕いをしている。でも、他の人が手を出すと、サルは怒る。

やがてサルは鼻を上に向け、何かの匂いをかいでいたが、そのうち私のひざから降りて林の中へと入っていった。

四〇メートルくらい離れたところに、桑の実がなっていたのだ。

私は小学校を出た直後から、クマ狩りや猟、山菜採り、茸採り、釣りと、自然相手の山の生活を送ってきた。朝日川、寒河江川、八久和川《やくわがわ》、大鳥川《おおとりがわ》の流域を歩きまわり、山を知った。

太平洋戦争では足掛け一〇年、三回の赤紙を戴《いただ》き、満州（中国東北部）、中国北部や中部を転戦。最後は第十九錬成飛行隊技術部で終戦を迎え、無事復員。

その後、山形、福島、新潟にまたがる地域が磐梯朝日国立公園の候補地となり、そのなかの朝日地域の調査の手伝いに従事。昭和二五（一九五〇）年九月に国立公園に指定されると同時に、今度は公園管理員を拝命した。

国立公園となって、朝日連峰の登山者が多くなれば遭難者も増える。そのため私は、この地域の猟友会、観光協会とともに、山岳会、遭難救助隊などの一員となることを引き受けざるを得なかった。

それとともに、山の自然を知り尽くした私には、当時の林野庁の大伐採は見逃すことはできなかった。そのため「朝日連峰のブナ等の原生林を守る会」を組織し、伐採の中止を求める活動も始めた。

こうして朝日連峰と交わる生活が、七〇年も続いたのである。

毎年、二月から三月にウサギを撃ち、四月の後半から五月はクマ撃ち、五月後半から六月は山に入ってゼンマイ採り、夏は登山道の整備や釣り、秋は茸、山菜採り、イタチ狩りや再びクマ狩り、そして厳しい冬となる。その合間に田畑を耕したり、私は民宿を経営したりした。

そんな日々を送っていたためか、野生のサルが突然抱きついて来たり、オシドリが五年間も家の池に住みついたりもしたのである。

冬のある日、道路の除雪をしていた人が、死にかけているテンを見つけて私のところに運んできた。確かに呼吸はしているが、ぐったりして動かない。小動物にはハチミツが一番いいので少し与えると、かろうじてなめてきた。数時間経つと少し元気を取り戻したようなので、少し餌を与える。ダッコをしてなでてやると、そのままなついて、玄関の横の箱に居着いてしまった。

民宿のお客さんに食事を出す時、テンもそっと後をついてくるので、お前もお腹がすいたか、などといいながら餌をあげる。なぜかチョコレートが好物で、私の懐に入ってねだったりした。

しばらくして、博物館で飼って多くの人に見せたいといってきたので、テンを譲ったが、箱をかじるなど荒れ狂って、二日後に死んでしまったという。

そんな私と野生動物とのつきあいを見ていた孫から、朝日連峰と私の生活をふりかえったらと勧められた。

平成一八（二〇〇六）年、私が九〇歳の時、六月に「狩猟文化協会」主催の会議、一〇月に「森と共に生きる」の集まりに出席した。

しかし年齢のこともあり、前から息子や娘にあまり外に出て歩かぬようにと忠告を受けていた。

そこで会議の席上でもそのことを告げ、私の話はこれが最後かもしれないと申し上げたところ、各先生方から七〇年間もの山の経験を社会へ伝えないことはもったいないのではないか、と言われた。

そういった声を聞くうちに、私が経験したことの一部でも書き残しておこうと思い始めた。

山の中で七〇年間を過ごした私の経験を思い浮かべて、狩猟や釣りのこと、国立公園のこと、遭難救助、保護運動、大井沢《おおいさわ》の環境等について書き記していこうと思ったのである。

なにぶん子どもの頃から勉強が嫌で山にばかり逃げこんでいたので、書くのは大の苦手である。お見苦しい部分も多々あると思うが、最後までお読みいただけると幸いである。

志田忠儀

野生の猿と著者
（平成6年9月頃、撮影：真木広造）

目次

はじめに 5

第一章 クマを撃つ……17

手負いのクマが向かってきた！／初めてのクマ狩り／クマ狩りの季節／朝日連峰の昔ながらの「巻き狩り」／クマに襲われて／クマ撃ちの名人の条件とは？／クマの冬眠と出産／クマの習性を知ることが大切／クマは人を喰うか？／私たちの失敗／長老の過ち

第二章　魚を捕まえ、動物を追う……63
子どもの頃から魚を捕る／ヤブをこいで渓流釣りへ／盆休みの楽しみ、川干し／岩魚、ナメコ、舞茸の宝庫だった出谷川／食べきれないほどの岩魚づくし／トーマス・ブリックス氏の思い出／初めてウサギを獲る／ウサギの習性を知って狩りをする／穴を見張ってテンを撃つ／カワウソもいた大井沢／毛が白く体格の良い朝日連峰のカモシカ／世界的な発見、冬虫夏草
第三章　山に生まれ、自然とともに暮らす……107
水とともにある暮らし／生活の糧になったテン／最初の召集、最初の戦闘／同郷の兵を救出に向かう／たった六人の警備隊／召集解除、再度召集、結婚、三度目の召集、そして終戦／夫婦二人で人生の再スタート／国立公園の管理員に／「かもしか学園」／

根子川遡行／エズラ峰登攀／積雪調査で遭難寸前／最初は相手にされなかった自然保護運動／山に生きる辛さ

第四章　岳人を助ける……163

高校山岳部の遭難／気象条件の変わりやすい朝日連峰／半年以上かかった捜索／雪の下の川底から遺体発見／あわや二重遭難か／無理な日程が事故を引き起こす／気のゆるみから死を招く／連峰最悪ガッコ沢遭難記／茸採りの行方不明者／常識ではかれない遭難者の心理／出谷川をゴムボートで下る／雪解けの滝から墜落／捜索の遅れが命取りに／猟銃泥棒を追う／女の子を拾った話／山で出会った不思議な話

枯松山
1292
大桧原川
桧原
大桧原山
1386
黒渕
大赤沢
障子ヶ岳
1482
大井沢川
寒河江川
岩屋沢
竜ヶ岳
1293
天狗小屋
天狗角力取山
1376
根子
大井沢トンネル
見附川
二ッ石山
1312
西川町
根子川
ヌノ沢
大江町
清太岩山
1465
竜門小屋
古寺鉱泉
水神淵
竜門山
1688
古寺山
1501
1814
西朝日岳
鳥原山
1430
小朝日岳
1647
朝日川
小国町
大朝日小屋
朝日町
大朝日岳
1871

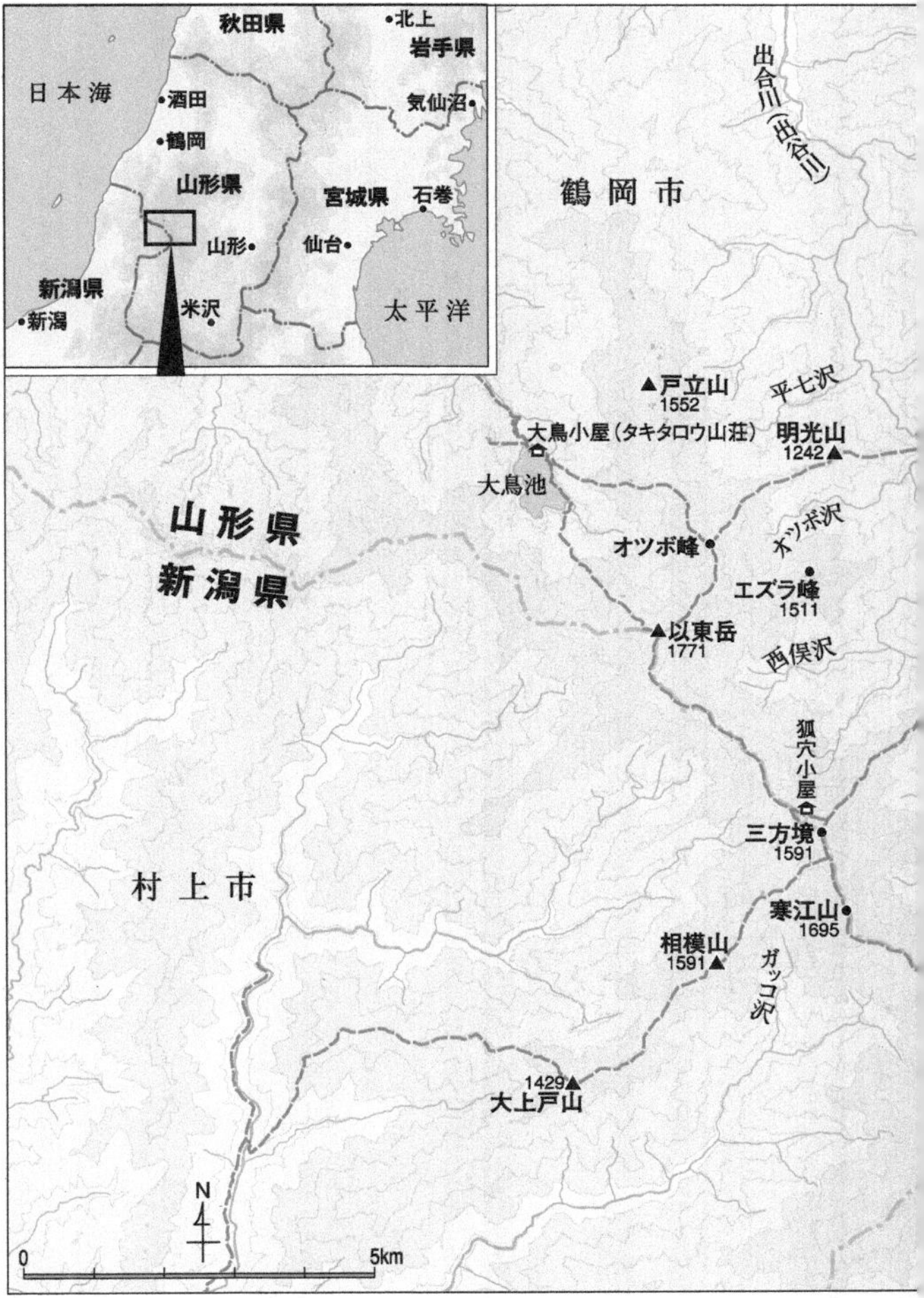

秋田県
北上
岩手県
日本海
酒田
鶴岡
気仙沼
山形県
宮城県
石巻
山形
仙台
新潟県
新潟
米沢
太平洋
出合川（出谷川）
鶴岡市
戸立山
1552
平七沢
大鳥小屋（タキタロウ山荘）
明光山
1242
大鳥池
オツボ沢
オツボ峰
山形県
新潟県
エズラ峰
1511
以東岳
1771
西俣沢
狐穴小屋
三方境
1591
村上市
寒江山
1695
相模山
1591
ガッコ沢
1429
大上戸山
N
0
5km

第一章　クマを撃つ

手負いのクマが向かってきた！

都会の五月は、爽《さわ》やかな初夏の陽気に溢《あふ》れた、一年のうちでも過ごしやすい時季である。しかし私がクマを追う朝日連峰の山々は、まだまだ雪に覆われている。

五月一日、晴天。

われわれの「連中」（狩猟のグループ）はクマを探して山に入った。出発から四〇分、一〇センチほど積もった新雪の上を、小桧原《こひばら》川から大桧原《おおひばら》川へ向かう大グマの足跡を見つけた。足跡は沢に向かっている。われわれ一行は、ここでクマを「巻く」ことにした。

クマの「巻き狩り」とは、朝日連峰一帯で行われているクマの猟法である。勢子《せこ》役の「鳴込（または「呼込《よびこみ》」）」がクマを追い出し、「通切《とりきり》」がクマを仕留めやすい場所に誘導して、射手である「立前《たつまえ》」が撃つ。それを「前方《まえかた》」が全体の見える位置から指揮をする。

春になって冬眠から覚めたクマは、「倉」と呼ばれる雪がない場所に集まってくる。クマは雪の上では眠れないのである。私たちクマ狩りを行う狩人《かりうど》たちは、その倉に集まるクマたちを狙うのだ。

早速私たちは、それぞれの役割と配置を決めた。私は四人の「立前」の一人として、位置に着いた。

鳴込を始めて一時間後。われわれの狩りが失敗かと思われた頃、突然尾根にクマが現れた。

大物だ！　私のところから四〇〇メートルほど、一番近い立前からも二〇〇メートルくらい離れている。

当時私たちが使用していた村田銃は、だいたい八〇メートルくらいの距離でないと命中は難しい。

だが、二〇〇メートルほど離れた位置にいた立前は、果敢にも引き金を絞った。

右頭部に命中！

しかし、クマは倒れない。それどころか、進路を変え、私の方へまっすぐ向かってきた。私は片手に村田銃を下げたまま、立ち止まった。私が動くと、クマは逃げるだろう。クマ狩りは動かないことが大事なのだ。このまま、じっとしているしかない。

クマとの距離は、どんどん詰まってくる。二〇〇メートル、一五〇メートル……、だがまだ撃たない。一発で仕留めるにはまだまだ距離がある。

一〇〇メートル、五〇メートル……、クマはどんどん迫ってくる。弾がはずれたら、クマはそのまま襲ってくる。でも二メートルくらい離れていれば、体を転じて第二弾を準備することができる。逆にあまりに早く体を移動させると、クマもそちらの方に向かっていくだろう。

三〇メートル、二〇メートル……七メートル……撃つなら今だ。これまでに二十数頭ものクマを射止めているので自信はあるが、念には念を入れて、雪上で照門に照星を合わせて、それをクマに合わせていく。そして、引き金を絞っていく……が……銃を構えた私を見たクマは、いきなり向きを変えた！

横身だ!!

私は迷わず銃を発射した。

弾はクマの心臓上部、脊髄《せきずい》に命中！

クマは一歩踏み出して、バッタリと倒れた。

この日、われわれの連中は、三頭ものクマを仕留めた。こんなことは、一生に一度

山の急斜面を歩くクマ

しかない。
昭和三三（一九五八）年頃の話である。

初めてのクマ狩り

尋常小学校五年生の春、左沢町《あてらざわ》（現・大江町《おおえ》）で書店を営んでいる親戚《しんせき》の富樫甚助《とがしじんすけ》さんと父が、天狗角力取山《てんぐすもうとりやま》（一三七六メートル）に行く話がでた。日曜日なので私も連れて行くといわれ、私は飛び上がって喜んだ。お参りで湯殿山《ゆどのさん》には二回登っているが、朝日連峰の一部への登山は初めてだ。当時、天狗角力取山にはちゃんとした登山道がなく、残雪期でなければ登ることは難しかった。

ひょっとするとクマやカモシカなども見られるかもしれない。松夫《まつお》兄さんは、天狗角力取山の奥の出谷川《でや》（編集部註《ちゅう》・通常地図には「出合川」と書かれているが、実際に地元では「出谷川」と呼んでおり、本書ではそれに従った）にクマ狩りに行っているのである。

万が一の望みもある。もちろん父は猟銃を持っていく。私の心はまさに天に昇る思いである。

天狗角力取山の頂上に立って眺めて驚いた。三六〇度全部が山また山。まさに連峰の展望台である。

連峰の頂点を除いては原生林で埋め尽くされており、その間を月布《つきぬの》川、根子《ねこ》川、見附《みつけ》川、出谷川などが、葉脈状にどこまでも流れている。

その広大な山地に、哺乳類《ほにゅうるい》二七種、野鳥が四〇〇種、両棲類《りょうせいるい》一四種、爬虫類《はちゅうるい》が一〇種、それに数しれぬほどの昆虫類と魚類が棲息《せいそく》している。

まさか後年、それらの動物たちに私が関わり、この広い山地の至る所に足跡を残すことになろうとは、あの時の天狗角力取山の山頂ではつゆほどにも思わなかった。

その年の晩秋、家の後ろの水路端にイタチの足跡を見つけた私は、板落としの仕掛けを作った。

ドジョウを捕って、仕掛けの中に付けてイタチをおびき出す餌にする。仕掛けている最中に大雨になったが、そのまま仕掛けを作っていき、終わった時にはずぶ濡《ぬ》れだった。そのまま家に帰ったら、父に頭から火が出るほど怒られた。

翌朝、大井沢のような山の中ではなかなか見られないほど大きなイタチが獲《と》れていた。このイタチを売ったら、大人が三日働いたほどのお金になった。そのお金で父に長靴とゴザ帽子（雨具）を買ってもらった。もちろん、昨夜怒られたことは帳消しである。

猟銃を初めて撃ったのは、翌年、六年生の猟期の終わる頃である。

当時の初等教育制度は、六〜七歳で尋常小学校一年生となり、これが六年間。これを卒業後は高等小学校を二年間修学する。私は高等小学校二年の時には、リスや小鳥も射《う》っていた。

昭和六（一九三一）年、高等小学校を卒業した翌年の春。私は一五歳だった。

春はクマ狩りが始まる季節である。大人たちはウサギを獲ってクマ狩りの祭りを行うという。私は、クマは無理なので、ウサギ狩りにだけ参加した。当時、地元でクマ狩りの名人といわれていた橋本《はしもと》製材所の親父が親方だった。

その途中で、親方が小声で「ウサウサ」と言うので、注意していたら、山陰からウサギが駆けてきたので、私は早速射って仕留めた。

そのウサギをハケゴ（背負いカゴ）に入れて、背負ってヒモを結ぶ間もなく、二匹目のウサギが飛ぶように駆けてきた。私はハケゴのヒモをくわえたまま、そのウサギに向かって発射し、そちらの方も命中した。

こうして獲ったウサギでクマ狩りの前祭を行っている時、親方から、

「物を背負いながら走っているウサギを射つことは、なかなかできることではない。いま、クマを射てる人があんまりいないので、われわれの『連中』に参加してくれないか」

と言われた。

こうして私も、弱冠一五歳でクマ狩りに参加することになったのである。

当時はクマ狩りの組それぞれの「倉（猟場）」があった。

私がいた中村《なかむら》組は、障子ヶ《しょうじが》岳《たけ》の西側を流れる出谷川の支流の岩屋《いわや》沢に狩り小屋を建て、そこから一日目は大赤《おおあか》沢から枯松《かれまつ》、二日目は平七沢とオツボ沢、三日目は以東岳《いとうだけ》（一七七一メートル）東の西俣《にしまた》沢、中俣沢の倉を巻く。全行程で約一週間となっている。

見附組は、天狗角力取山の南を流れ、寒河江川に注ぎ込む見附川と根子川にある数カ所、桧原組は大桧原川、小桧原川、それに八久和の荷倉《にくら》、長沢《ながさわ》、松花《まつばな》、アオ倉が猟場であった。

だから、見附組の猟場にクマが移動したら、他の組はそこには入らない。一種の縄張りなのだが、もちろん今ではそういった縄張りどころか、組そのものを組織することも難しい。

さて、私の初めてのクマ狩りだが、一回目の狩りでは足跡も見ずに終わった。四、五日休んで二回目。一日目はまず天狗角力取山から狩り小屋まで行く。途中で楢《なら》の木の根本に凍結した舞茸《まいたけ》があったので、これを採った。この木は毎年のように舞茸の凍ったものが採れた。

二日目に予定通り大赤沢と枯松に向かって出発。岩屋沢から本流を五〇〇メートル程行ったところで、誰からともなく小声で「クマ」と言った。仲間が指を差している方を見ると、本流の向かいの明光山《みょうこうざん》（一二四二メートル）の山腹をクマが歩いている。私が初めて見た自然のクマだ。後でわかったが、それは小さなクマだった。

クマがいるのは倉でもない所で、巻こうにも方法がない。そこで、クマのいる所と、上流のオツボ沢の中間を登って横切っていった。私は、クマは怖くなかったが、急斜面は怖い。未知の大きな山を歩けるかが心配である。

沢を三〇分程登ったところで、ウサギが三四、沢を横切って行った。親方はウサギが横切るのでテンがくるのではないかと言ったが、その直後に、前方四〇メートルくらい離れたところに先ほどのクマがいきなり現れた。

みんな大慌てで、かぶっていた編み笠《がさ》のヒモを解《ほど》き、鉄砲の尾錠を外し始める。だが私一人だけがスキー帽だったので、すぐに銃をかまえて一発射った。

命中！

弾はクマの下腹から入って背中の骨を貫き、クマは斜面の上から、ようやく笠を脱いで銃に手がかかったばかりの皆の足元へと転げ落ちてきた。

これが、私が生涯で仕留めた五〇頭あまりのうちの、最初のクマだったのである。

実はあの頃、クマが少なくなっており、あまり獲れることもなかった。そのため私がクマを仕留めたということで、祝砲を撃って、村中総出で出迎えられた。

あの頃、クマを仕留めた人は、自分の銃も荷物もすべて他の人に背負わせることになっていたので、私は手ぶらで山から凱旋《がいせん》したのである。

クマ狩りの季節

今でも春が来ると、昔のクマ狩りのことが思い出されてならない。

長い長い猛吹雪の冬も終わりに近づく頃、雨が降り暖かい晴天続きの天気が多くなる。そして春の土用の最中となると、クマ狩りの血がさわぐようになり、いつか良い日を見て山に登ろうと仲間内で話すのである。

晴天となり雪が固まると、まずその年の最初にすることとして、出谷川に作った狩り小屋に行き、冬の間の雪で壊れたり、つぶれたりしていないかを調べる。それとともに、冬の間にクマが冬眠するクマ穴も見てくる。クマの穴は、岩穴だったり木の穴だったり、中には山の斜面にある岩棚の窪《くぼ》みの上に生えている木が、雪の重みで垂れ下がって窪みの屋根のようになったところで冬眠するクマもいる。

戦前のある年の春。

六人連れで大井沢川の入口より狩り小屋を目指して登り始めた。二時間くらいで竜《りゅう》ケ《が》岳《たけ》（一二九三メートル）の北側の焼峰《やきみね》を登り、大井沢川のクマ倉やカモシカの足跡を何カ所も眺めたのち、天狗角力取山へ向かう。

天狗角力取山の頂上からは、向かいは以東岳、北は月山《がっさん》、南は朝日連峰、遥《はる》か彼方《かなた》には蔵王《ざおう》連峰がみえる。

ああ、何と素晴らしい眺めなんだろう！

山頂での一服を終え、目の下の出谷川のあたりで起きているらしい遠い雪崩の音を聞きながら、硬い雪をざくざくと歩くこと三〇分、ようやく出谷川の小屋へ到着した。

小屋は雪に埋もれて、屋根が半分くらい見えていた。今年はどうやら小屋は無事のようである。

まずは小屋のまわりの雪掘りをして、泊まる準備に取り掛かる。その後、岩魚《いわな》釣りをしたり、クマ穴（大木の穴）を見たりする。

夜は、小屋の中で飯盒《はんごう》でご飯を炊き、汁を作る。カンテラの灯りの下、飯を食べながら、クマを獲った話、クマを逃した話等に花が咲く。やがて夜も更けるにつれ、明日《あした》は「百間渡り《ひゃつけんわた》」を通って戸立山《とだてやま》の方まで行こうと決めて、床に就いた。

翌朝。暗いうちから起きて、夜明けと共に朝飯を食べ、出発。

まず出谷川沿いに下る。川の淵《ふち》には何十匹という大きな岩魚がわさわさと泳いでいる。その先に、「百間渡り」という難所が待ち構えている。

「百間渡り」は、冬の間、何百メートルも先の山の斜面より来た表層雪崩が出谷川になだれ込み、向こう岸からこちら側まで一〇メートルもの厚さの雪の橋になっているところである。その雪の上を通って向こう岸に渡るのだが、雪の下にはごうごうと音を立てて急流が走り、渡りきるまで一瞬たりとも気を抜けない。

ようやく皆が渡り終え、胸をなでおろして一服する。われわれの目の前には戸立山が立ちはだかり、そこから戸立沢が流れている。その大きな淵には岩魚の群れがいっぱい泳いでいる。

またあたりには、残雪の中に今まで見たこともない黄色い花が満開で咲いていた。

結局この時は、クマに出会うことはなかった。

朝日連峰の昔ながらの「巻き狩り」

朝日連峰の昔からあるクマ狩りの猟法は、前述したが「巻き狩り」と呼ばれる。これは全国的にも残っているのはここだけで、無形文化財に指定すべきだという人がいるほど珍しい猟法である。

昔は立山《たてやま》の芦峅寺《あしくらじ》でも巻き狩りをやっていたが、今は犬を使って冬眠中のクマを追っている。また宮城県の西部では、早春に冬眠から覚めたクマの足跡を逆にたどり、穴を見つけて、翌年の春にそこで冬を過ごすクマを獲《と》っている。

朝日連峰は花崗岩《かこうがん》によって形成されているので、谷が深く、クマを捕まえるには巻き狩りがもっともよい猟法なのだが、このままだと無くなってしまう可能性もある。

ここではこの巻き狩りについて詳しく説明したい。

巻き狩りはチームで行う。メンバーにはそれぞれ役目があり、クマを追い出す「鳴込（または「呼込」）」、そのクマを撃ちやすい場所に誘導したり、撃ち損じた時にそれを追う「通切」、射手である「立前」、全体を見える位置から指揮をする「前方」が、基本の構成である。

巻き狩りは、メンバー全員が自分の役割をちゃんと果たして、初めてクマを獲ることができる。

昔は一人で三役をこなさなければクマは獲れないといわれていた。

それでは、それぞれの役目をもう少し詳しく解説してみよう。

「立前」

立前はクマを撃つ役目であるが、そのためにはクマがどのような行動をとり、どこを通るかを事前に研究しておかなければならない。特に新米の立前は、自分が位置する場所を間違えないこと、またクマがどちらから現れるかを考えることが必要となってくる。

だいたい一つの倉には二、三カ所、クマを待つ場所があり、そのため一つの組で立前は二〜三人いる。このうち、一番クマが現れそうなところにいる立前を「三蔵《さんぞう》立前」という。

これは昔、三蔵と文蔵《ぶんぞう》の兄弟がおり、体の丈夫な文蔵がクマを追いかけて、背は小さいがクマ射《う》ちの名人の三蔵のいる場所におびき出して、三蔵が射止めたことからその名が付いたとか。

「通切」

カモシカは山の斜面を横に逃げるが、クマは尾根を登って逃げていく。そのとき左右を見て登るのだが、クマが横にそれた場合、通切が押し戻して立前の前に誘導する。また時には立前の代わりにクマを撃つこともある。そのため通切にも射撃の腕が求められる。

「鳴込」

一人から三人でクマを追い立てる役。追い立てるのが一人だけ早かったり遅かったりすると、クマが思わぬ方向に逃げてしまうので、チームワークが必要となる。またクマが倉の中から動かない時は、「中勢子《なかせこ》」といって倉の中まで入っていくこともある。なお、鳴込をしている最中に、雪崩にあったり滝壺《たきつぼ》へ転落する危険性もあり、注意が必要である。

「前方」

倉に対して川向かいに位置して、すべてが見えるところでクマの動きを知らせる指揮役。クマからも丸見えなので、慎重に行動しなければならない。

昔はトランシーバーがなかったので、クマが倉にいた時は「イタゾウ」、いなかった場合は「イナイッチャー」と言葉や合図も一〇種類くらい決まっていた。


前述したように、かつては大井沢だけでも中村組、見附組、桧原組と三つの連中（クマ狩りの班）があり、それぞれ「倉」をもっていた。昔は、自分たちの縄張りの倉を全部見て回り、一度山に入ると一週間くらいはクマ狩りを行っていた。もちろん今は、そんなにまでクマ狩りに日数を費やすことはない。

クマに襲われて

私たちが狩猟の対象としているツキノワグマは、本来はひじょうにおとなしい生き

仕留めたクマは全員で運ぶ
（昭和40年代前半に撮影）

物である。すぐ近くを人間が歩いていても、襲うことはめったにない。

万一クマに襲われたら、クマの目を睨《にら》んで離すなといわれるが、実際山で出会ったクマは全身真っ黒で、どこが目なのかとっさには分からないこともある。しかし、クマを睨みつけているうちに、クマの方から退いていったということはある。


ところで私はかつて一回だけ、クマに襲われたことがある。

その時は、クマから四〇〜五〇メートルほど離れたところに私はいた。そこはいつもクマが通る道だったので、私は用心のためクマに声をかけた。

するとクマはいきなり、

「ガガッ」

とうなり声を上げて立ち上がったのである。これは、子連れのクマが威嚇のために上げる声だ。

子をかばおうとする子連れのクマは怖い。危険を感じた私は、三〇メートルほど下の方に逃げた。そこから先は断崖《だんがい》になっている。

ともかくそこまで逃げて、後ろを振り返ると、クマはヤブを飛び越えてこちらに向かっていた。時速三〇キロぐらいだろうか、かなりのスピードである。この勢いだと、たとえクマを睨んだとしてもクマがストップすることはないだろう。

その断崖は幅が四～五メートル。思い切ってジャンプしたら、向こう側にまで跳べるかもしれない。私は助走をつけて、思いっきり向こう側に跳んだ……が、わずかに足りず、私は向こう側の崖《がけ》の斜面を四〇メートルほど滑落し、岩の出っ張ったところに引っかかった。

幸い骨が折れたりはしていなかったが、体中、あちこちをぶつけている。苦痛に顔を歪《ゆが》めながら、上の方を振り仰ぐと、なんとクマも崖を滑り落ちて、私の二メートルくらいのところにまで迫ってきているではないか！

私は慌てて再び崖に飛び込み、さらに一五メートルくらい滑り落ちた。そして底まで着いたら、すぐに木の陰に隠れた。その時かぶっていた帽子が脱げたのだが、そんなことにかまっているヒマはない。

私が隠れると同時に、クマは滑り落ちてきて、一声「ウァン！」と凄《すさ》まじい声で吠《ほ》えたかと思うと、私の脱げた帽子にかみついたのである。

もう生きた心地もしない。もし私を見つけたら、今度は確実に襲ってくるだろう。

私は息を潜め、じっとしていた。

すると、崖の上の方で子グマの鳴く声がした。するとその母グマは、子どもの方に引き上げていった。

やれやれ。今思い出しても、あの時は本当にもうダメだと思った。三ヵ所ほど怪我をしていたのだが、それだけで済んだのだから幸運だったといえよう。

後にも先にも、これが私がクマに襲われた唯《ただ》一回の体験である。

クマ撃ちの名人の条件とは？

いずれにせよ、クマは予想外の動きをすることもあるので、立前には臨機応変な対応が必要となる。それに対応できるかが、クマ撃ち名人の条件といえるだろう。

それに関しては、こういった話がある。

ウサギを射《う》っても鳥を射っても命中しない青年がいた。

親方は彼に、

「クマを射つ時は、三回狙ってから引き金を引くのだ」

と話して聞かせていた。つまり、慎重に狙えということを親方はいいたかったのだ。ある時、クマ狩りに出たところ、その青年のいるところに大グマが現れた。彼はいつも親方から聞かされていたように、クマに対して一回、二回、三回と照準を合わせ、引き金を引こうとしたとたん、クマは峰陰に見えなくなってしまった。

親方は、あんなに近いところにいたクマを、なぜすぐ射たないのだと言ったところ、彼は親方がいつも言っていたとおり三回見当つけて、今度こそと思ったら、クマは山の向こうに見えなくなってしまったと言った。その時彼とクマとの距離は五メートルくらいだった。しかし彼はすぐ射ったら親方に怒られると思ったのである。

実は親方は、その時その時で臨機応変にとも言ったのに、後の祭りだった。

話は別だが、以東岳の西北にある、巨大淡水魚の「タキタロウ」で有名な大鳥池《おおとりいけ》の湖畔の大鳥小屋で一泊した時のこと。地元の朝日村（現・鶴岡《つるおか》市）の猟師の方がクマ撃ちのことを話してくれた。

彼は、クマの左側から射つ時は左足を前に伸ばした所、右側からは右足を前に伸ばした所と得意気に話してくれた。

私はその頃にはすでに三十数頭クマを射止めていたが、クマを撃つ時に足の運びまでは確認している余裕はなかった。

クマの冬眠と出産

クマが冬眠することは誰もが知っていることだろう。

クマは冬至に冬眠をはじめ、春の土用の入りの四月一七日に目をさますと言われている。しかしそれはあくまで基準で、私は四月四日にクマを目撃したことがあり、足跡は三月末に見たことがある。逆に五月はじめまで冬眠中のクマもいる。

クマはこの冬眠中に出産をする。通常は雌雄一頭ずつの二頭を産むが、中には一頭だけで産まれる、あるいは出産時に一頭が死んでしまうこともあり、この場合は「片子」と呼ぶ。また三頭産んだ場合は「三匹もの」と呼んでいる。

冬眠中のクマはひじょうにおとなしいので、昔は地域によっては、この冬眠中の穴の中に入り、クマの手足を縛って捕まえるということをやっていたようだが、眠っていてもクマは猛獣なのでとても私はやる気にはなれない。

まだ雪深い春の天狗角力取山にクマを追う
（昭和40年代前半に撮影）

春、穴から出てきたクマは、数日穴に戻り、再び穴から出る習性がある。これはクマが足をならすためと言われているが、この時のクマは獲《と》りやすい。

なおクマの年齢は、切った牙《きば》のその年輪でわかるという。動物園のクマには三〇歳のクマもいたそうだが、私が知っているのでは二四歳が最年長のようだ。

クマの習性を知ることが大切

クマには様々な習性がある。それを熟知していないと、クマを撃つのは難しい。

クマは、人間の何倍も山の地形を知っているようだ。山の裏の裏まで知っているようである。

無駄な苦労は避けて歩くようで、上り下りも少ないところを逃げ道にもする。

それを知っていれば、クマがどこに逃げていくかがわかるので、倉ごとに三蔵立前がどこに位置するかが決まる。それはこれまでクマ狩りをしてきた人々からわれわれに伝えられてきたものだが、それにしても先人たちの研究には頭の下がるものがある。

クマの行動時間は通常朝九時から夕方四時頃まで。ただ雪が多くて柔らかい時は、早朝の雪が硬いうちに行動することもある。

また人里近くで食物を捕る時は夜に動く。


クマは、木登りが上手だ。

クマは、「ヤグラ」という巣を木の上に作って、夏の間はここで過ごす。これは柴《しば》を巻いて作るのだが、風通しがよくて涼しいのだ。これに登る時は、ぽーんぽーんといった感じで、一挙に木の上まで登っていくのである。下りる時も二メートルくらい上から飛び下りてくる。

また泳ぎもうまく、雪解け水の濁流でも途中で流されたりせず、入水したところの直線上の対岸に上がっている。川底を潜っているのだろうかと思うのだが、いまだに謎だ。

私の住む西川町より南に位置する小国町《おぐに》長者原《ちょうじゃはら》の藤田《ふじた》俊雄《としお》氏によると、山の向こう側の斜面をクマが丸く円を描いて歩いているのを見たことがあるという。クマは、見ているうちにだんだん円を小さくしていき、最後にヤブをばっさり倒したが、そこには野ウサギがいたと話してくれた。

それを聞いて私は、あの足の速いウサギがクマに捕まるはずがないと思った。

ところがある雨の日、山には行けないので家にいると、古寺《こでら》鉱泉から根子集落までの間をクマが四頭も横切っていると登山者が教えてくれた。

この雨では山中は無理だが、集落の近くならと追いかけてみることにした。

すると、藤田さんの話と同じ方法で、クマがウサギを獲って食べている現場を二ヵ所も見たのである。

キツネが直径一〇メートルくらいで丸く三回回ってウサギを簡単に捕まえたのは何度か見ているが、クマは初めてだった。ウサギは怖いものを見ると竦《すく》んでしまう習性があるのかもしれない。

なおクマは群れをつくらないといわれている。だが、「クマが混む」ということはある。

赤川《あかがわ》水系にある八久和ダムが昭和二八（一九五三）年に着工される前、ダムの上流

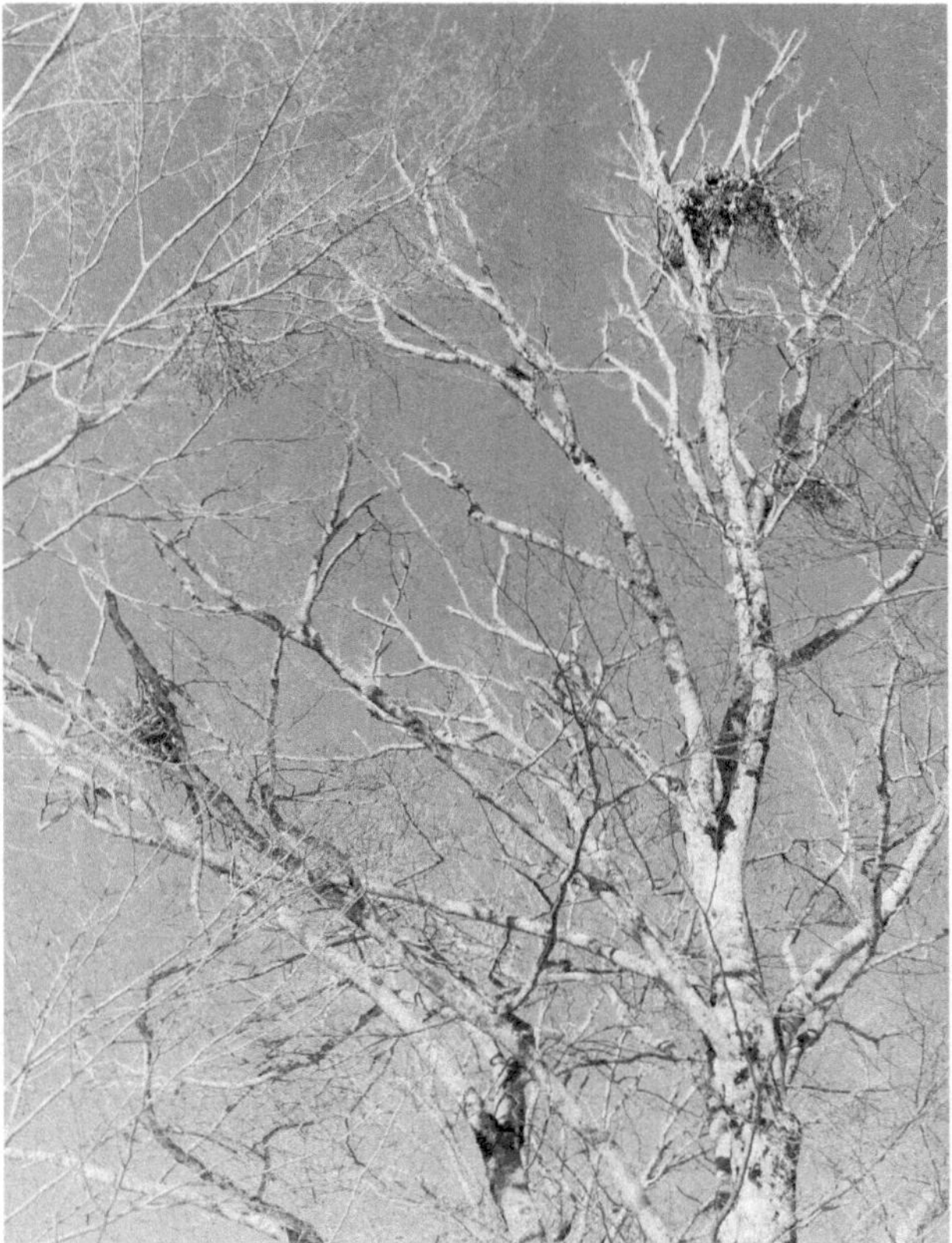

ブナの大木の上に作ったクマのヤグラ
（著者撮影）

にある八久和川の積雪調査をするために、一一月半ばに天狗角力取山の山頂直下の天狗小屋に泊まった時のこと。

積雪が四〇センチくらいある中、早朝に小屋を出発して午前中に出谷川の側の台地に積雪測定用のスノーレコーダーを設置することになった。

設置場所まで三キロ弱で標高差七〇〇メートルという急登なのだが、そこで三ヵ所ほどクマが上流に向かって歩いた足跡があった。さらに作業を終えて帰る道でも四ヵ所、同じく上流に向かう足跡がある。

群れではないのだが、七頭ものクマが同じ方向に向かって歩いているのである。

クマは他の動物のように群れは作らないが、声か匂いを使って同一行動をしているのではなかろうか。

クマは人を喰うか？

平成二（一九九〇）年、東京で、日本野生動物保護管理センターと日本月の輪熊保護協会の主催でツキノワグマフォーラムが開かれ、野生のクマに一番多く出会った人として私が招かれた。

大学の先生方の貴重な話を聞かせていただいたあと、クマを守る会の会長の話を聞いた。

会長は、ツキノワグマのような、あんなおとなしい動物を捕獲するとはもってのほかだと主張。また新聞紙の切り抜きをたくさん持って来られて、クマが人間を食べたという記事があるが、そんな記事を書く記者も、それを掲載する新聞社もモラルが問われてしかるべきだ。なぜならば、クマは人を食べないというのが学説なのだ。それを知っているのか、と問い詰める。そう言われても、参加した記者さんには答えられない。

最後に私が登壇した。

司会者が、

「志田さんはこれまで、何頭くらいクマと出会いましたか」

と訊《き》いてきた。

どの程度のことを出会いと言うのかわからないが、見た数は一二〇〇頭くらいと答える。

さらに、
「会長さんがおとなしいと言われたが、実際にクマと会ってみて、どうですか」
と質問が続く。

先ほど書いたように、私はかつてクマに襲われたこともある。二メートルしか離れていないところからクマを睨《にら》む時は、生きた心地などしなかった。遠くから人を見るとすぐ逃げるので、おとなしいと思うが、やはりクマは猛獣である、と話した。

山形県新庄《しんじょう》市の西に位置する戸沢《とざわ》村では、一年に三人もクマに殺されたことがある。そのクマは駆除されたが、クマの胃袋の中に人間の指と内臓が残っていた。

また大井沢自然博物館にいた時には、秋田から訪ねてきた人からこういう話を聞いた。

彼が友達と二人で山に入った時のこと、突然クマが現れて目の前で口を開けた。あまりの恐怖にその人は気を失ってしまったそうだ。

気がついた時には、彼のあとから登っていた友達が倒れていた。目玉が飛び出していて、即死である。その友達は常々、山に入る時は山刀を持っていくから、たとえクマにあっても大丈夫だと話していた。

たぶん友達はクマと闘って、やられてしまったのではないでしょうか、と彼は語っていた。

今はクマには捕獲許可が必要で、クマを獲《と》った時は、大きさや重さだけでなく、胃の中身まで全部報告しなければならない。クマを五頭ぐらい獲ってみると、そのうち三頭ぐらいはカモシカを食べている。もっともそのカモシカは、雪崩などに巻きこまれて死んだものだと思われる。というのも、私はクマがカモシカを襲っている現場は見たことがないのである。

また、こういった話もある。

ある人が、朝日鉱泉から大朝日岳（一八七一メートル）を越え、北寒江山《きたかんこうざん》（一六五八メートル）から三面《みおもて》へ登山者を案内していた。当時、大朝日岳までは道があったが、後は道なき山を案内していったのである。

その日、三面の方で仕掛けた罠《わな》の「クマおとし」に、確かにクマがかかった様子だったが、抜き取られて獲物がなかった。そこをこの人が通っていたため、彼が罠にかかったクマを取ったにちがいないと、泥棒に仕立てられてしまった。

ところが数日後、同じ罠に大グマがかかった。その腹をさいて見ると、胃の中にクマの毛が残っていた。この大グマが、罠にかかっていたクマを食べてしまったのである。

クマが肉を食うのは事実だ。

私たちの失敗

先ほども述べたが、私は生涯に一〇〇〇頭以上ものクマと出会い、五〇頭ほどを撃っている。ということは、見つけたクマの九割以上は仕留め損ねていることになる。もちろん、見かけたからといって必ずしもクマ撃ちに適している場所や状況にあるわけではない。とはいえ、長いことクマ撃ちをやっていると、今でも思い出す失敗がいろいろとある。

昭和二八（一九五三）年、私は三月末から体の具合が悪く、検査の結果胆のう炎だ

朝日連峰の雪の斜面を登るクマ

ということが分かり、入院治療することとなった。

春の土用も過ぎる頃、退院。当時、バスは月山沢《つきやまざわ》（現在の月山湖《がっさんこ》）までしか通っておらず、そこからは八キロメートルの雪道をふらふらになりながら歩いて家に帰った。

家に着くと、私の入院中に出谷川へクマ狩りに行った仲間が訪ねてきて、

「四月二四日に、日帰りで出谷川の枯松沢まで行ってきた。そこにはクマの足跡が無数にあったのに、結局その姿を見つけることができなかった」

と、さも残念そうに話した。

それを聞いて私は、

「じゃあ明日《あした》、俺も行く」

と、その場で仲間と約束した。そして妻に、

「明日、クマを獲りに山に行くから準備をしておくように」

と言って、退院したばかりの疲れもあるし、明日へのエネルギーの蓄えにと、早々に寝床に入った。

翌朝。

起きてみたら、クマ撃ちの準備は何一つできていなかった。

それもそのはず、昨日まで胆のう炎で入院していて、一日一食しか食べていないのに、いきなり山に入るなんて、なんと無謀なことだろうと妻は思ったに違いない。

とはいえ、仲間との約束もある。大急ぎで準備をして、五時きっかりに出発した仲間の後を追って、一時間遅れで出発した。なに、一時間くらいの遅れなんて勝手知ったるいつもの山道、まったく私は気にしていなかった。

案の定、仲間たちは竜ヶ岳の登りで私を見つけ、待っていてくれた。荷物を若い連中が少しずつ背負ってくれたので、なんなく天狗小屋へ着く。

仲間は早速、枯松沢と大赤沢へ行くという。私は体力に少々不安があるので、何かあったら引き返すからあまりあてにしないようにと言って、ついていくことにした。

すると、ものの二〇分も歩かないうちに、クマの姿を私が見つけた。場所はわれわれの真向かいで、コマス滝の向かい、エズラ峰（二五一一メートル）からオッボ沢口への尾根で東側斜面である。オッボ沢口へ下り、尾根沿いに登れば四、五〇分で巻くことができる。

私はその場で向かい側に若い連中が到着するのを待った。すると四〇分くらい経って、連続六発の銃声が聞こえてきた。斜面に出てみると、ウシ沢の上流を見附川のウツノシマ沢に向かって逃げていくクマが見える。大グマだ。クマは、みんなが追いつく寸前に逃げてしまった。

「クマがヤブから出てきたので、二、三メートルくらいの距離に近づくまで待って、ここぞという時に射ったんだけど、クマが散弾と間違えたらしく一メートル以上も跳ね上がり逃げ出してしまった。その後次々と射ったが駄目だった。本当に申し訳ない」

とは、仕留め損ねた仲間の弁である。

残念がってばかりいても仕方ないので、いったんみんな集合をし、今度はエズラ峰の東側斜面を下った。

すると、しばらくしたらどこからわいてきたのか、今しがた皆の下ってきた斜面にまた大グマが現れた。コマス滝の斜面である。正面のひど（小さな谷）を登っていけば、クマに気づかれずに近づくことができる。若い連中がかけ足で登っていく。

彼らがひどの八合目まで登った時、クマがその上、五〇メートルほどの所に向かって横切っていく。そしてクマがその地点に現れた時、若い連中が銃を下ろし、構えるのが見えた。

撃て……、早く撃て……。

私は心で念じたが、どういうわけだか銃を構えた彼らはいっこうに撃とうとしない。

そのうちクマはひどを横切って見えなくなった。

ちょっとガッカリした私の気持ちを知ってか知らずか、また彼らは銃を下ろして走り出した。

すると今度は、前方三〇メートルほどの所にあるクレバス（雪の割れ目）に大グマが落ちているのが見えた。自然の落とし穴にはまっていたのである。

ここぞとばかり、若い二人が十分照準を定めて銃をぶっ放した。

命中！

しかしクマは、平気で穴から這《は》い上がって、エズラ峰の東斜面を西俣沢に向かって走りだす。相当血を流しているのだが、猛獣のクマにとっては急所は外れているらしい。手負いなのに、あっという間に逃げてしまった。

時間はすでに夕刻なので、小屋に引き上げることにした。途中小屋の手前で、小さいクマがウツノシマ沢方面へ逃げていくのを見かけた。

結局この日は、一日に四頭ものクマに出会ったが、一頭も仕留めずに終わってしまった。

その後、二日続けてクマと出会うものの獲《と》れない。

最終日、四日目。

この日までに出会ったクマはどれもエズラ峰に逃げ込むので、今日はエズラ峰を巻いて、その後に西俣沢と中俣沢を巻くことにした。

エズラ峰の「エズラ」とは、「とても人間業では手も足も出ない場所」という意味の「エズラ」というアイヌの言葉からきているという。文字通り危険この上ない場所で、危ない思いで私は立前に立った。

ところがこの日に限って、鳴込をしてもクマはいっこうに出ない。巻き終わった鳴込が「いないつやぁ」と告げてくる。

やれやれ、ガックリしながら集合場所に向かい、その途中、今来たところを振り返ると、クマが二頭も歩いているではないか。自分の持ち場から集まる途中の連中に身振りで知らせるが、危ない場所だけになんとも出来ない。

仕方なく西俣沢を巻いたが、こちらも収獲なし。

次は中俣沢に集合し、昼食後、巻き狩りを開始。その中俣沢上流には倉があるのだが、私が注意しているとクマが一頭そこを悠々と歩いていた。よく見ていると、クマは斜面を歩いてから中央のブナの大木に登り、かなり細い枝に登っては手をのばしたりして遊んでいる。そのうちクマは木から下りて、雪のない所で寝てしまった。

そこはなかなかの難所であるため、われわれは一時間くらいかけて持ち場に着き、クマを追い上げることにした。しかし、いくら叫んでもクマは起きようとしない。業を煮やして、私は鉄砲を二発も射ちこんだが、クマはいっこうに倉から出ようとしない。

そのうちクマが這い出してきて、立前のいる所によってきたが、どういうわけだか立前が撃たず、クマが通りすぎたところで思い出したように乱射し始めた。

「射つな、馬鹿野郎！」

私は何回か叫んだが、彼はクマに夢中で射撃を止めようとしない。

手を射たれ出血も多量だったクマは、驚いて雪庇《せっぴ》から飛び下り、とうとうエズラ峰に逃げ込んだ。

また、前日までと同じ出来事だ。調子が悪い。いったん下山して出直すことにしようと、その日の内に泣く泣く下山した。

った。

長老の過ち

クマ狩りの話は山村の春の話題でもある。たちまちわれわれの失敗談は村中に広がった。

そして次のクマ撃ちには、マタギの長老である桧原集落の黒田の親父さんも、参加することになった。

黒田氏は戦前からのクマ狩りのリーダーであり、先年茸《きのこ》採りに行ってクマにお尻《しり》を嚙《か》まれたこともあって、その仇討《かたきう》ちもするといった。

今回のクマ撃ちは総員一二名。二組が一緒になった人員である。

天狗小屋に到着。とりあえず今日は小屋で休んで明日《あした》から本格的にやったらと提案したが、一同は是が非でも今日、大赤沢、枯松沢をやると言う。

呆《あき》れて私が、

「クマの二匹や三匹、何処へ行ってもいるからなぁ」

と言うと、黒田親父は大声で、

「馬鹿野郎、ウサギではあるまいす、何処にでもクマはいるもんではない！」

と私を叱りつけた。結局大赤沢に向かうことになった。

天狗小屋から出谷川へ、下尾根道を下ることにした。

私はしんがりを務めた。一五分位下って、私が岩屋沢の方を見ると、対斜面にクマが三頭、楢《なら》の木に登り遊んでいる。親グマと二匹の子グマである。

私は口笛を吹いて合図、一同は一斉に足を止めた。そして近くにいる黒田親父に、

「どうです、クマは何処にでも、ホレ、この通りで」

と言うと、

「忠儀に負けたや」

と言っていた。

私はすぐ向こう側に回って巻くことを主張したが、

「待て待て、あんなところにクマが長くいるもんでねえから、動いたのを見て巻け」

と長老がひと言いうので、しょうがなくみんなで待つことにした。

ところが、一時間待てど二時間待てど、クマはいっこうに移動してくれない。

いよいよ待ちくたびれて巻くことにしたが、時間が遅いので、二人でクマをこちら

に追い込んで獲るという長老の意見だった。

この頃は戦前と違い銃の使用もやかましく、許可のある人でなければ銃は持てない。そのため銃を持っていない三人が鳴込になったが、せっかくクマの近くまで回っていったのに、銃を持っていないためクマの足跡を見て恐ろしくなり、銃を持っている立前の見えるところまでかけ足で下り、その直前で第一声をあげてしまった。そのためクマは遠くの方に走り出し、あわてて四、五発射ったが後の祭り。向こうへ逃げ込んでしまったのである。

やむなくその日は小屋へ引き返した。

晴天の夕刻、雪はザラメが凍りかけ、アイゼンの爪が引っかかってカランチャリンと鳴る振動が、脚を伝わって頭の中にまで響いてくる。この時のやるせない気持ちは、山をやる者にしか分からないだろう。

一時とはいえ、クマの獲れない日が続いたのは残念である。当然、小屋で食べるその日の晩ご飯のおかずは野菜のみで、クマの刺身は望めない遠いものになってしまった。

明くる日も失敗、その翌日も又同じ。

その年は一二日間に二七頭の大小のクマを見ながら、一頭の収獲もなかった。

反省会でみんなが言うことには、前年は私の話を聞いて山に出る毎に獲れたので、誰でもクマを獲ることができると思い込み、私の入院中に彼らの思うままに振る舞ったのが失敗だったということだった。ずぶの素人でもクマを射てると思ったのが間違いの元だった。

そして来年は、私を中心にやりたいとみんなで申し出てきた。

私自身も、退院後の疲れた体だったのであまり意見も言わず、ただみんなの後をくっついて歩いていくだけだったのは無責任でもあったようである。

第二章　魚を捕まえ、動物を追う

子どもの頃から魚を捕る

私の生まれた大井沢の中村地区は、目の前を寒河江川が流れている。寒河江川は、天狗角力取山が源流の大井沢川、寒江山が源流の見附川、大朝日岳が源流の根子川が合わさって、堂々とした流れとなっている。

それらの川には多くの魚が棲《す》み、付近に住む人々の貴重な食糧となっていた。また子どもたちにとって魚を捕まえることは、豊かな自然が育《はぐく》んだこの上もない娯楽の一つといってもよかった。

当たり前のことだが、最初に子どもが魚を捕まえようとする時は、手づかみから始める。

それから釣り、突き、すくい、ひっかけ、どうかけ、置き針、川干し等、様々な仕掛けや方法で魚を捕っていった。

私も魚を捕まえるのは大好きだったが、小学校の高学年になって一番面白かったのは、水中にカゴを仕掛けて魚を捕まえる「どうかけ」と、流れの中に針を置く「置き針」だった。

当時、同じ集落に「どうかけ」の名人のおじいさんがいた。夕方と明け方、箱びくにいっぱいの岩魚《いわな》をさげて戻ってくる。私たち子どもは、

「じいちゃん、見せろ」

と言ってその名人を取り囲むと、名人は、

「どうだ、大きなざっこ（魚）、いっぱいいたべ」

と私たちに見せて自慢した。

それを見て私もまねをしたくなり、父親が秋に刈っておいた鬼がやで「どう」を作り始めた。どうにか長さが一尺くらいの「どう」を作り上げ、早速学校から帰ると川へ行き、大人たちのを見よう見まねでなんとか「どう」を仕掛けた。

さあ、次の朝が楽しみだ。心わくわく、いつも寝坊の私も朝早く起きて、「どう」を見に川に走った。

柳葉をとり、重しをどかし手をかけたら、中のほうでごちゃごちゃと音がする。素早くどう尻《じり》を上げたら、あっ、入っていた、入っていた！

岸に運び結び目を開けたら、岩魚が三匹、かじかが五、六匹、入っている。魚を「どう」から取りだして、また元のように「どう」を仕掛ける。そして家に帰って、鼻高々と家族に自慢したことを思い出す。

その頃の川は、あそこは誰のかけ場、ここは誰のかけ場と、場所の決まりがあったようだ。そのため私たち子どもは、大人のじゃまにならないように「どう」をかけなくてはならなかった。

私はそれ以後、毎年「どう」を増やしていき、三、四ヵ所に仕掛けた。そのため魚もたくさん捕れて、家族から大変喜ばれたものだった。

もう一つ、私が大好きな漁法に「置き針」がある。

これはまず、五、六メートルもの荒縄を用意する。そして、たたみ糸を二つ切りにして針を付けたものに大きなみみずを付け、それを荒縄に五、六本付けて、縄の端に石を括《くく》りつけ流れのない淵《ふち》に沈めて置く。

これも朝早く川に行き岸より眺めると、魚が白い腹をきらきらさせてかかっている。石を持って引き上げると大きい岩魚が針ごとにかかっており、五、六ヵ所引き上げると、ハケゴいっぱいになる。天気が良ければ、また夕方に仕掛けておく。

この漁法も私は好きだった。

私が尋常小学校の頃、川の淵で水遊びしてあきると、淵尻の浅瀬で「かじか突き」をした。

川に入ると、かじかがちょろちょろと泳いでおり、そのうち誰からともなく箱眼鏡とヤスを持ってきて、それでかじか突きを始める。私の叔父《おじ》さんが大工さんだったので、頼んで箱眼鏡を作ってもらい、父からはヤスを買ってもらって、学校から帰るとすぐ川へ飛んでいく。

早速箱眼鏡で川の中を覗《のぞ》いてみると、あぁ、見える見える！　素晴らしくきれいな砂利の間に、いるいる、大きな番かじか（編集部註《ちゅう》・大きなかじかを「番かじか」と呼ぶ）が……。そっちにもこっちにも！　あぁ面白い。背中を虻《あぶ》にさされながら、箱びくいっぱいかじかを捕ったものだった。

友達に自慢したら、

「俺の兄さんなんか、夜にカンテラ点《つ》けて、夜突きに行って、ハケゴいっぱい突いて来たぞ」

と言う。それを聞いて、さぁ、私も行きたくなった。

その夜、友達と二人で裏の川へ出かけた。きれいな川の中に、いるいる！　大小のかじかや、たまには岩魚もいる。夜は魚たちが石の下から出て来て、静かに寝ているのだ。そこを突くのである。拾うように捕れて、非常に面白かった。

さらに尋常小学校の高学年になってからは「かじかすくい」もやった。これは雨が土砂降りの時を狙う。川が増水して流れが激しくなるので、川岸に岩魚やかじかが寄り集まってくる。そこをすくい網ですくうのである。一時間くらいやって二、三升のかじかを捕ったこともある。

また、「ひっかけ」という漁法もある。細い山竹の棒二尺くらいの先の方に丈夫な糸をくくりつけ、特大の針をその糸の先につけて、水眼鏡で大きな石の下等にいる岩魚の腹の下にそっと差し入れ、素早く引っ張るのである。「ひっかけ」を使うと、大きい岩魚が面白く捕れるが、この漁法は熟練がものをいう。終戦後、大井沢の上の方の集落に、ひっかけの名人がいたものだった。

私の家ではそうやって私が捕った魚を、いつも食べていた。

根子川上流で「テンカラ釣り」で岩魚を釣る

一度に食べきれない時は、囲炉裏の上の大きな「べんけい」に刺しておいた。「べんけい」とは、囲炉裏の上につるしておいたカゴや藁束《わらたば》のことで、ここに串《くし》刺しの焼き魚を刺しておき、燻製《くんせい》にして保存していた。あちこちに串が刺さっている様子が、武蔵坊弁慶《むさしぼうべんけい》の最後のようなのでその名が付いたといわれている。

今は生活用水の汚れがひどく、川も汚れ砂や石も汚染されて、魚たちはかろうじて生き延びている状態である。文明が進み、人々の生活も変わり、また砂防ダムや護岸工事も進んで、魚に悪い影響を与えている。今では魚が影を潜め、子どもも大人も魚捕りをやる人が少なくなって、自然を楽しむこと自体が消えつつある。

本当に残念なことだ。

ヤブをこいで渓流釣りへ

私の父はよく山の中で腹痛を起こすことがあり、そのせいもあってか、私は尋常小学校二年生の頃から一緒に山に行くことが多かった。ある時は雪解けの沢を、父に背負われながら渡ったり、釣り具を忘れて一人家まで取りに帰ったり、今も思い出に残ることがたくさんある。

四年生のある日、いつものように山中で腹痛になり休んでいた父が私に、そこの瀬の向こう側に大きな岩魚《いわな》がいるのでお前、釣ってみろ、と言った。

それまで私は岩魚釣りをしたことはなかったが、見よう見まねでやり方は知っている。岩の陰に隠れて近づき、竿《さお》を振って針の流れに注意していたら、大きな岩魚がかかった。無理に引き上げると糸が切れる。すると父がタモを手にやって来て、すくい上げてくれた。

初めて釣った岩魚は、四八センチの大物だった。

釣りの技術というのは、いつの間にか身についているものである。それが身についてくると、今度は一人で釣りをしてみたくなる。

尋常小学校六年生の春、標高七〇〇メートルの山を越えて、大井沢川の支流の南俣沢に一人で釣りに行った。

途中までは山刀で切り開いた道があるが、途中からはヤブこぎをしながらの山越えである。

そして頂上からは、支流まで沢下りである。沢の途中で数株の美しい花があったが、目的地での釣りのことで頭がいっぱいで、花を愛《め》でる余裕もない。

ようやく沢に着いたが、ヤブの中の小沢で毛針では木の枝にひっかかり使えそうもない。

竿に短く糸をつけ、餌釣《えづ》りをする。

毛針釣りは魚が出た瞬間竿を上げ釣り上げるのだが、餌釣りは十分餌を食わせてから上げる。父はいつも毛針であったため、その方法がよくわかっていなかった。

結局その日の釣りは失敗に終わった。

帰りは来た道を引き返す。今朝、途中で見た花の芯《しん》のつき方や、葉や茎を確かめて記憶しておいた。

尋常高等小学校を卒業した春、秋葉《あきば》山神社で「トガクシショウマ」を神社の人から見せられた時、この花だったらうちの裏山には三カ所あるというと、嘘をつくなと怒られた。昭和の初め頃、幻の花といわれた「トガクシショウマ」は戸隠《とがくし》とこの神社の二カ所だけにしか咲かないといわれていた。

しかしその後、調査の結果、裏山の花は「トガクシショウマ」であることがわかり、私の写真とともに松夫兄さんの名で山形大学に記録されている。

「トガクシショウマ」。昭和3年に裏山で発見された

盆休みの楽しみ、川干し

農作業が一段落して、一年のうちで一番落ち着くのは、何といっても旧盆である。兄弟ばかりの仕事場で、お盆休みはなにをしようかという話になり、今年は総出で川干しをやろうじゃないかということになった。他の人にも相談すると、お盆のヒマつぶしにちょうどいいと早速賛成を得た。

川干しというのは、川が二叉《ふたまた》に分かれ、二〇〇メートルくらいでまた合流している、その一方の流れを止め、水が干上がったところで岩魚やかじかなどを捕る漁法である。

当日は晴天。私と兄の松夫、正信《まさのぶ》を含め九名が参加することとなった。

松夫兄の指揮の下、一方の川に石積みをし、それにむしろを張る。そして粘土を流してむしろの目をふさぐ。しかしなかなか水は干せない。

下流にハケゴとスダレを利用してヤナを掛ける。上流には「どう」を掛けているが、魚は数える程しか捕れない。そして、水はいっこうに止まらない。夕方になって、せっかくの工事も残念ながら失敗ということにあいなった。

夕刻、焚《た》き火をして捕った魚を焼いて食べる。うまいが捕った魚は少ないのでガッカリだったと、焚き火を囲みながら話をしているうち薄暗くなってきた。

私は焚き火を離れて、何気なくヤナを覗いてみた。すると、そこからカチャカチャと音がする。

なんだろうと、ハケゴに手を入れてみて驚いた。岩魚やかじかがハケゴいっぱいに入っているではないか！

私は、

「おーい、いっぱい魚がかかってるぞ。来てみろ！」

とみんなを呼んだ。

駆けつけてきたみんなは、ハケゴを見て大喜びである。

どうやら魚は、昼間は岩陰や川底に潜んでいて、暗くなるのを待って移動するらしい。

「じゃあ、どうにも入ってるんじゃないか」

と誰かが言う。

早速「どう」の方も見てみると、やはりこちらにも相当の量の岩魚やかじかが入っていた。

「もうひころ（もう少し）待ってみるべ」

と誰かが言う。

松夫兄が嫁さんに、

「おい、家さ行って酒一升持ってこい」

と命じた。

実は、私も兄も父も一滴も酒は呑《の》まない。兄の言葉にびっくりして、私は、

「何するなや」

と聞くと、

「みんなで、かじかで呑むのよ。早く行ってこえ」

その後みんなは、酒を呑んで魚を食べて上機嫌である。

「毎年やんべやな」

来年のことまで言う人も出てきた。

岩魚、ナメコ、舞茸の宝庫だった出谷川

天狗角力取山より発して出谷川へ流れる岩屋沢という沢がある。その入口にクマ狩り小屋を建てようという計画が出た。

六月。四人で朝早く出発し、午前中に現場につく。そこではまずサワグルミの木を倒して枝を払い、それを三尺くらいに切る。皮をはぎ、川原に平らに延ばし重ねて、重しを乗せて骨組みにする。丸太を切り、材料を集めたところで本日の仕事は終わり。あとはみんなで岩魚《いわな》釣りである。

淵《ふち》には尺余の魚がそろって泳いでいた。四人は次々に岩魚を釣り上げ、それぞれ一貫目くらいの釣果となったところで帰り仕度をし、岩屋沢を登り始めた。沢の淵にはまだ、五、六匹の魚が泳いでいた。

その頃の出谷川は岩魚の宝庫であった。まだ登山道がなかったので、人があまり来ないせいであろう。

また秋には、その辺り一帯は茸《きのこ》の宝庫でもあった。どの木を見ても、ナメコやかの

か茸がびっしり付いて、採り放題だった。あまり採りすぎると、重くて持って帰るのが大変なので、いつも小さいナメコだけを採ったものだった。

秋は日が短いので、朝早く暗い中にカンテラを点《つ》けて家を出て、天狗角力取山の手前の焼峰まで行き、そこにカンテラをおいて、大急ぎで出谷川へ行く。採った茸を背負い、急なヤブの中を天狗角力取山まで上り下りして、明るい中に焼峰まで帰り着く。そこからまたカンテラを点けて家まで帰るのである。

また舞茸《まいたけ》採りもよく行った。春のクマ狩りの時、太い舞茸の出そうな大木を見つけておき、後に時期を見て採りに行くのである。どの木にも何貫と出ているが、その中から小さいのだけを採るのだ。

今は登山道もできて、魚釣りや茸採りの人たちもどんどん入り込んできて、にぎやかなほどになった。

その年の秋、六月に準備していた泊まり小屋を建ててくることとなった。

若い者四人で針金や釘《くぎ》等の道具を背負い、出谷川へと向かった。天気は快晴である。途中ナメコやかのか茸などを眺め、また沢には産卵のためにたくさんの岩魚がごじゃごじゃと群れていた。

午前中に岩屋沢の現場に着き、休む間もなく小屋組みにとりかかる。二間と一間の小屋に、夏の間に延べてあった皮を張り合わせ、しっかり押さえつけ、立派なクマ狩り小屋が出来上がった。

小屋の前は少し崖《がけ》になっていて、側にはちょろちょろ水も流れており、昔の狩人《かりうど》もここに小屋を建てたという素晴らしい場所だ。これで良し。来春からはこの小屋を根城に、クマ狩りをするのだ。

さあ、帰ろうか、ということになり、あちこちに生えているナメコをいっぱい採り、さらに沢に入って大きな岩魚を五、六匹捕って、背中のカゴに入れた。

岩屋沢の中の沢を登って山頂の天狗角力取場へ出る。ところが、その頃からガスが出てきた。あっという間に視界五メートルくらいになり、斜面は一面が雪で覆われ、目標となるような木もなく、方向は不明である。ただ感覚で行くのみである。

天狗角力取山の北方二〇〇メートルの雪原の斜面を一〇分間程歩くが、地形に自信なく、引き返すことにした。三本爪の金カンジキの跡を頼りに、天狗角力取場まで再び行く。三歩進んで一歩を確実に下る。しばらくして今度はロボット雨量計に辿《たど》りついた。これを目標にして、途中二、三方向をあやまるも修正しながら下山した。

なお、私が小さい頃は山菜といえばゼンマイのことをさしていた。昔の大井沢は陸の孤島で、外から人が来ることもなく、ゼンマイはこの地区の貴重な収入源であった。

幸いなことに、東側が九〇〇メートルほどの高さの山並み、西側が海底火山から隆起した朝日連峰に囲まれ、集落の中を寒河江川が流れている標高四〇〇～五〇〇メートルのこの地区は、三叉《みつまた》の宝庫である。

昔はタラノメ、フキノトウ、ユキザサなどは食べなかったのだが、外から山菜を買い付けに来たお客さんから教えられて食べるようになった。また食べきれないほどたくさん生えていたのである。

食べきれないほどの岩魚づくし

昭和二六（一九五一）年に天狗角力取山の山頂直下に天狗小屋が建てられ、翌年天狗角力取山から出谷川、オツボ峰を経由して大鳥池に行く道路の開発が計画された。

昔は両手でも持ちきれないほど川で魚が釣れた

出谷川からオッポ峰のコースは、昭和二（一九二七）年に山刀でヤブを切り開いて道が造られたことがあるが、その後利用者の数が減少して手入れをしていなかった。さらにこのコースの途中には水場がなく、中間にある明光山から向こうに行くと日帰りは難しい難コースである。

私がリーダーとなり、一六人で登ることとなった。メンバーの中には、釣りの名人として名高い長老格の黒田氏も入っていた。そのため途中で岩魚を釣って、山での食事のおかずにしようと考えた。

天狗角力取山を越え、出谷川の左岸にテントを五つ張り、そこから先の明光山までの登山道整備の作業を行った。

一日の仕事が終わり、今日の食事に出る岩魚に胸を躍らせながら明光山を下って、テントに着いて驚いた。なんとなんと！　岩魚が八七四、約二七キロも釣れていたのである。

当時の出谷川には訪れる人もいなかったので、岩魚がまるで池の鯉のように思いのまま釣れたのだそうだ。その頃の朝日連峰の自然は、今では想像もできないくらい豊かだったのである。

その日の夕食は岩魚《いわな》の食べ比べ、翌日も翌々日ももちろんおかずは岩魚だった。不足になりがちな主食の米が余りを出したほど、われわれは岩魚を食べたのである。

明光山までのコースには水場がないと言われていたが、今回の調査で、明光山より約八〇〇メートル地点に一ヵ所、オッボ峰の鞍部《あんぶ》に一ヵ所水場を発見した。

その後、あと数日で道が完成しそうなので、オッボ峰から大鳥池に注ぎ込む東沢の原頭にキャンプを張った。ここまでの晴天続きにすっかり安心して、テントの周りに溝も掘らなかった。

今日が最後という日、雨具ももたずに作業に出かけ、大鳥小屋の付近に達した時である。一天にわかにかき曇り、雷が鳴りだして、いきなりものすごい豪雨となった。作業を中止して、慌ててキャンプに戻り、テントに飛び込んだが、テントの中にも水がすごい勢いで流れ込み、飯盒《はんごう》が流され、衣類もすべてぐしょぐしょに濡《ぬ》れてしまった。

濡れネズミになっては横にもなれない。ひたすら夜明けを待つしかないのだが、一夜がいかに長いか、この時くらい感じたことはなかった。

翌日も雨が降り続いた。

帰るには明光山、天狗角力取山を通って里に下りるしかないのだが、途中の出谷川が増水して渡渉できない。あまりに悪天候なので、以東岳を通ってぐるっと回って帰ることもできない。大鳥小屋に行くにも未知のコースである。再びテントの中で長い昼と夜を繰り返さざるを得なかった。

次の日は雲一つない晴天になった。一同の元気はやっと出てきたようである。まだ薄暗いうちに飯を炊くやら枯れ枝を集めて来るやらするものもあり、結局その日の午前中に仕事を終えて午後に帰宅することにした。二人をキャンプに残して、濡れものを干すことにして朝五時には作業に出発した。

そして二時間程作業をすると、ほっかり大鳥池に出た。大鳥小屋まで四〇メートルくらいである。

小屋へ行ってみると、珍しく満員である。われわれの顔を見ると、小屋にいた人々が飛びついてきた。聞くところによると、下流の七ツ滝沢が一昨日《おととい》からの雨で増水して渡渉ができないそうだ。今日一日の晴天では大鳥池の水が流れ終わらないので、まだ渡れないであろう。

われわれも帰宅しなければならないので、オツボ峰のキャンプに登った。帰りに出谷川で一日釣りをやってのんびりして引き上げる計画は、一昨日の雨で残念ながら断念せざるを得なかった。十数日ぶりの下山だったが、翌日からはまた登山者のお供が朝から待っていた。

トーマス・ブリックス氏の思い出

ある日、私が国立公園を巡回して帰宅すると、農林省（現・農林水産省）から釣りのお客様が訪ねて来ていると連絡が入っていた。早速旅館に行くと、東京釣りクラブの会長さんと造林保護課の人とともに、一人のアメリカ人がいた。終戦時に裁判で弁護士をして日本びいきになった、トーマス・ブリックス氏だった。

ブリックス氏は、ニジマスや養殖魚はいくらでも釣っているが、日本の岩魚を一匹でも釣ってみたいとのこと。今日は見附川に行ったが一匹も釣れなかったそうだ。

村の本職が案内した見附川で釣れないとすれば、あとは朝日連峰では大鳥池しかない。車で来ているとのことなので大鳥池まで行くことにした。

池まで大勢で行くのは無理なので、大鳥川皿淵《さらぶち》の砂防工事事務所に宿をとることにした。

翌日は、大鳥池にある大鳥小屋へ直行する本隊から、私とブリックス氏は離れ、渓流釣りをしながら本流を遡《さかのぼ》ることにした。

私の手製の毛針をあげると、ブリックス氏は三匹連続で釣りあげた。そして釣った魚は川に返していた。その日だけで二人で七八匹を釣ったが、小屋での夕食で食べる一行八名分の八匹だけを持って、後は全部逃がしてやった。

次の日、氏は池釣りは嫌だとのことで、東沢と中ノ沢で釣ることにした。この時もブリックス氏は、釣った魚を川に返していた。

ところで、私は英語がまったく分からない。なので会話は、ブリックス氏が日本語を話したのだが、どうやら私が英語を喋《しゃべ》っているらしいと後々まで間違われた。

初めてウサギを獲る

昭和の初めの頃、大井沢は一二月から五月までの間、雪のために陸の孤島となった。

一回目の雪、つまり初雪が降れば、まず交通機関が止まった。かろうじて人が通るだけの道があり、用のある人は本道寺《ほんどうじ》を通り、間沢《まざわ》まで歩くか、中上《なかがみ》より上峠《かみとうげ》を越えて七軒《しちけん》村（現・大江《おおえ》町）に出て、左沢《あてらざわ》、寒河江方向に行くしかなかった。

そもそも私のいた集落には、バイクも自動車も一台もなかった。夏も道路の状態が非常に悪く、馬車が時々来るぐらいで、冬はそれもだめ。荷物は人の背にかついで運んでいた。

家にはラジオもテレビもない。大人たちは炭焼きをしたり、冬はわら仕事をしたり鉄砲撃ちをしたり、雪掘りをするのが毎日の仕事だった。

そんな集落だったから、大人たちは毎日、今日はこっち、明日《あした》はあっちと、茶飲み仲間が集まり、いろいろな話に花を咲かせていた。私の家にも、夜といわず昼といわず人が来て、仕事の話や魚捕りの話、狩猟の話等をしていた。

私は、そんな大人たちの話を聞くのが大好きで、よくこたつに潜って聞いていたものである。

たとえばこんな話があった。

「大井沢川の上流に障子ヶ岳があんべ。その山の裏の方には、出谷川という裏の川よりまだ大きな川があるんだ。でも道がないし、遠いから、誰も行けないんだ。その川にはざっこがぞよぞよと泳いでいて、川の底が見えないくらいなんだ」

と、あるおじさんが語った。

「そこから一つ山を越えて、裏の方にそれはそれは大きな大きな沼があって、それは大鳥池という湖だそうだ。そこにもまた、たくさんのざっこがおって、特別に大きな大岩魚というやつが悠々と泳いでいて、それはそれは見事なんだそうだ」

この「大岩魚」とは、「タキタロウ」と呼ばれている巨大魚のことだろう。

ほかにもクマ狩りの話、バンドリ（ニッコウムササビ）射《う》ち、テンを射った話、逃した話等、話は尽きない。

毎日、いろんな人が我が家に遊びに来て、茶飲み話を聞かされた。

話だけでなく、親類の狩人《かりうど》は、ウサギを二匹も持ってきて、

「昨日射ってきたんだ、食ってみろ」

と自慢した。

ウサギが我が家に来た時は、私は学校から帰ると骨叩《たた》きをやらされた。

まずウサギから肉をとり、その後の骨を固い平らな石の上に乗せて、金槌《かなづち》でとんか

んとんかん頭ごとつぶす。これを何時間もやって、非常に細かくなるまで叩く。そうしたものに、同じく細かくつぶした生豆を混ぜ、団子状にまるめて大根やごぼうと煮て食べるのだ。

そのうまいこと！　いつも腹いっぱい食べた。

そして、その汁を食べ、話を聞きながら、私も大人になったらそんな遠くの山や川に行ってみたいなあ、そして狩猟や釣りをしたいなあと思ったものだった。

私は尋常小学校二年生の頃から、父のお供で釣りや猟に連れていってもらっていた。そこで狩猟のことなど、一人で覚えていった。

私は、猟銃の小さなものがないかと父や兄に話したが、そんなものはないし、あるはずもない。当時の猟銃は村田銃で、それ以前は火縄銃だった。

さらにその何年か前は、「わらだ」でウサギを獲《と》っていた。

「わらだ」とはウサギの習性を利用し、タカをまねた昔の猟具である。

わらを編んで直径三〇センチくらいの輪を二つ作り、それに尾をつける。その「わらだ」を、寝ているウサギの頭上に飛ばす。ウサギはそれをタカと勘違いし、穴に逃げ込んだところを捕まえるのである。

私は、小さい時からの経験でウサギの寝場所を知っていたので、父に頼んで「わらだ」を作ってもらい、猟にいく大人に付いていった。

初めていった時は、他の人の猟のじゃまにならないように歩いていたので、いい場所が見つからず終わった。

二日目は向かい側の斜面に寝ているウサギを見つけた。遠回りをして、静かに静かにウサギの真上に行き、初めて「わらだ」を投げた。思い切り投げ、さらに二投、三投。ウサギは斜面に顔を出した。効果あり。だが、飛び出した足跡はない。そこには、ウサギがいた木と同じような木が何本もある。最初に木の生えている位置を確かめるべきであった。

失敗、と思った時、目の前の細い木の根からウサギが飛び出した。残念残念。

次の日曜日、今度こそはと再び山へ。お昼頃になってようやく寝ウサギを発見。その木の枝ぶりまで頭に入れて、この前同様、真上に回り、わらだを飛ばし斜面を見た。

あの木だ！

すぐにその木に向かったが、斜面が広かった。その木に近づくと、ウサギが顔を出して逃げていった。泣き顔になったが、致し方ない。その日も失敗。

一週間後の日曜日が待ち遠しい。

翌週、見つけたウサギの真上に来たが、真上からは途中の立ち木がじゃまになって投げられない。

立ち木をよけて斜めに投げた。

確かめた目標に駆けつけると、穴の中にウサギの後ろ向き姿があった。初めて獲ったウサギだ。飛ぶような速さで家に帰った。

その時私が気付いたことは、真上からは枝の上の雪を落としたり枝が落ちるので、ウサギは頭は引っ込めるのだが、三、四秒後に確認のため顔を出す。

斜めに飛ばせば、ウサギはタカと思い込み、数分間は穴に隠れるのだ。

実はウサギには非常に細かな習性があるが、次にそれを申し上げよう。

ウサギの習性を知って狩りをする

動物写真家の真木《まき》広造《ひろぞう》先生が、動物写真家はたくさんいるが一番身近な野ウサギの写真をあまり見たことがないと不思議そうに話してくれた。

猟も写真も同じであるが、人間がウサギを見つけた瞬間は、ウサギも人間に見つかったと感じとっているのだ。銃やカメラを持ちかえて顔を向けると逃げ出してしまうので、ウサギを見つけたらそのまま近づけるところまで行き、シャッターを切ったらと言った。翌日、真木先生はウサギが撮れたと喜んで来てくれた。

野ウサギのような小動物には、それなりの特殊な習性がある。

ウサギにとって天敵はワシやタカである。そのため、ウサギが新雪に穴を掘ってトンネルを作るとき、周囲にワシやタカの留まれる木がないことが条件となる。

ウサギは夜行性で、朝ねぐらに戻る時、まずまっすぐ進み、次に二〇メートルくらい足跡を戻り、そこからさらに真横に九〇度飛ぶ。これを二〜三回くり返してねぐらに入るのである。これを「ウサギの寝跡」というのだが、ウサギの天敵のテンやキツネ等はこの寝跡をみて、ウサギのねぐらをまっすぐに通り過ぎて行ってしまう。

犬やキツネに追われた時には、山を一周して、元の足跡に合わせたり、小川に飛び込んで匂いを消したりすることもある。

ウサギはまた気象にも敏感である。大雪の降る前日には山の頂に向かって移動する。風の時は逆に谷底に寝る。ウサギの行動で後日の天候を知り、登山をする上でも助かったことがたびたびあった。嵐の時は夜行性のウサギが日中に小枝などを食べ回っているのを見たこともある。

初冬の頃には比較的平坦《へいたん》な場所を選んで寝るが、大寒頃から切り立った斜面などに集まってくる。

私はウサギの習性に慣れているので、逆にその足跡を目標にしてウサギを探したり、その日の気候を見て狩りをする。みんなは忠儀が行くと真ん前にウサギがいると言うが、それは私がウサギの習性を知っているためである。

アメリカでは一二年周期でウサギが減ったり増えたりするそうだが、私のこれまでの経験では、朝日連峰のウサギは六年周期のようである。

昔は一匹のメスが一度に六〜七匹の子を産んでいたが、今は一〜二匹しか産まないようで、環境への何らかの影響がウサギの出産にも影響を及ぼしているように思える。

穴を見張ってテンを撃つ

冬の大井沢は深い雪に閉ざされて収入の道がほとんどなかった。毎日猟に出るが、ウサギを獲っても弾代にしかならない。だがテンの毛皮が高い値段で売れるので、私はこれを獲ることに力を入れた。

テンは夜行性の動物で、よほど食べ物が不足しない限り日中は行動しない。日中は立ち木の穴に入ることもあるが、雪をくぐって地や岩の穴に入ることも多い。寝穴に入る時、テンは警戒して数本の木の上を渡って、地面に足跡を付けないようにする。また同じ穴に数回出入りしたり別の穴に入ったりすることもある。寝穴に入るのはウサギよりちょっと遅く、出てくるのはだいたい太陽が西の山に入る頃で、冬だと夕方五時一五分頃が多く、それを待って撃つことが多かった。

一月下旬になると、オスとメスが一緒に行動をする。この時二匹が同一の足跡に歩幅をそろえて歩くので、あたかも一匹が歩いたようにしか見えない。猟の経験者でもわからないくらい、見事にそろえて歩くのである。

よくよく見ると、オスは左右の足跡が五センチくらい前後にずれていて、前足と後ろ足の間隔が三〇センチくらいである。一方メスはカカトとカカトを付けたような歩き方をしている。

テンは泳ぐのもうまいとよく言われるが、私が見たところではあまり水に入りたがらないようである。小さな川があった場合、水には入らず、木を渡ったり飛び越えたりしている。

なお、テンの天敵はイヌワシやクマタカなどである。


ある日、テンを追いかけたがなかなか捕まらない。昼も過ぎ何時しか夕刻になっていた。日はもう西山にあと僅《わず》か残るのみ。生活がかかってはいるが、この日のテン獲《と》りは半ば諦《あきら》め、私は竜ヶ岳の東北斜面下まで下っていった。その時、斜面の岩場の下の雪穴からテンが出てきた。彼らの夜の行動がスタートしたのである。

距離は四〇〇メートルもあるので、村田銃で仕留めることは難しい。だが、私の頭の中に閃《ひらめ》いたものがあった。もしこの穴が良い場所ならば、テンは再び同じ時間に出てくるだろう。それならば後日、出るのを待っていて射つことができる。

数日後、家族に今日は帰りが遅くなるかもしれないと言い残して山へ向かった。先日の所に近づくとやはりテンの足跡がある。そして足跡は、この前の穴に入っているのだ。その付近でテンが戻ってくるのを見張った。

いよいよこの前と同じ時間が近くなった。緊張で銃を持つ手が疲れてなんともならない。

その時真っ黒な物体が現れた。それは野ねずみだったが、歩いてではない。テンが咥《くわ》えているのだ。

今度はテンの首が出た。射つにはちょっと早い。テンが穴に入っていったと思うと、今度は半身を乗り出してあたりを見ている。

だが銃を肩に付けられない。もし動いてテンに見つかったら、今までの苦労が水の泡である。

その間にテンは二、三歩歩いて、野ねずみを食べ始める。私はここぞとばかり、引き金をひいた。

一発の銃声……テンは倒れた。万歳と心で叫ぶ。

(今日だけでなく、これからもここでテンが獲れるぞ)

その後、木の枝の二叉《ふたまた》を利用して照準を定めて固定して置くことや、静かに雪を積

うちに居着いてしまったテン
（「はじめに」参照、平成10年4月）

み重ねて隠れることも考え、テン獲りに成功した。

カワウソもいた大井沢

二年ほど前に絶滅が宣言されたニホンカワウソだが、私が子どもの頃はよく大井沢で足跡を見た。

しかし、昭和二七年の春に二ッ石山の出谷川の斜面に、新雪の上にカワウソの足跡を見つけたのが最後となった。その足跡をたどっていくと、最後は雪解けの激流の中に飛び込んでいた。

一七年ほど前の話だが、友達の家に行ったら真新しい「トラバサミ」が三丁あった。これは何かと聞くと、友達は、

「家で楽しみに飼っている岩魚《いわな》やハヤや鯉が全部カワウソにやられて、それで捕まえるために山形から買ってきたのだ」

と言う。

それが本当にカワウソなら大変だ。保護しなければならないので、トラバサミを仕掛けるのは中止してもらった。そして、もし今度現れたなら連絡してもらうように話した。

その後二年ほど経た雪の降る夜、西川町の水沢《みずさわ》地区で夜中に犬たちが一斉に鳴き出した。飼い主がなだめても鳴き止まず、みんな困惑した。翌日、その地区に住むTさんが犬の散歩をした時に、奇妙な動物の足跡を見つけたという。

それからしばらくしてTさんと話をしたところ、前の年に大雨で増水した寒河江川でかじかを捕っていたところ、突然流れの中から見たことのない動物が出てきて、また水中に潜っていったという。水にもぐる動物はカワネズミやイタチくらいで、それだとTさんもすぐわかる。大きさも小さいし、人間を見たら潜らず水面を逃げる。しかしそれらではなかったというので、ひょっとしたらそれはカワウソではないか、という話になった。

毛が白く体格の良い朝日連峰のカモシカ

カモシカは、クマのように冬眠しないで越冬する大型動物である。そのため、カモシカの毛皮は寒さから身を守れるよう耐寒性に富んでおり、昔は靴やミノを作るためにも猟の対象となった。ツノは鰹《かつお》漁の擬餌《ぎじ》針にも使われた。

特に大正の末期から昭和の初めにかけ、秋田のマタギが犬を連れてきてカモシカ猟を盛んに行い、ひと春に四〇～五〇頭も獲っていた。そのため一時は朝日連峰のカモシカは絶滅寸前にまでなる。

その後、特別天然記念物に指定され捕獲が禁止されたため、徐々に数が増えていき、今度はどこに行ってもカモシカが現れるようになった。

カモシカは臆病《おくびょう》な動物で、食べ物を食べ終えればすぐに安全な場所に移動し、そこで食《は》み返しを行う。

その性質のため、昔はわれわれがクマ狩りを行うとき、勢子《せこ》の声を聞くと真っ先に逃げ出していた。ところが保護されるようになってからは、人間が危害を加えないことを知り、逃げないどころか、時としては人のすぐ側や人家の周辺まで近寄ってくるようになった。

そんなカモシカが冬に一番恐れているのが、表層雪崩に出あうことである。カモシカの死因で一番多いのが、雪崩に巻きこまれることだ。

そうして死んだカモシカはクマの餌になることも多く、一〇頭のクマのうち七頭までは、その内臓からカモシカの痕跡《こんせき》が出てくる。私はかつて、大グマがカモシカをくわえ、以東岳の東エズラの斜面を歩いているのを見たことがあった。

雪崩を恐れるカモシカは、われわれが「アオの馬屋」とか「寒立」と呼ぶ、雪が風で吹き飛ばされて積もらない場所を選び、冬の間はそこにいる。雪は積もらないものの風が強いので寒さはそうとう厳しく、春には青氷が四〇センチもの台状になっているのもたびたび見かけた。春の彼岸頃になると、ようやくそこから動き出すのである。

それだけ寒さに強いと逆に暑さには弱いのか、夏の盛りに川の中で水浴びをしているところも見られる。

食べ物は、冬の間は小枝や笹の葉、松の葉など、春には山菜も食す。

子は通常一頭で、約一年ほど親と一緒に過ごす。

縄張り意識がひじょうに強く、縄張りに入ってきた他所《よそ》のカモシカを、田植えをしている田んぼの中まで追いかけてきたこともあった。

私が春先に山小屋の雪下ろしをやっていると、すぐ近くで一頭のカモシカが別の一頭を追い回していた。私が声をかけたが、それに気付かないのか、結局一日中追い続けていた。

なお、これまで私は長野県の大町《おおまち》や宮城県の八木山《やぎやま》、また山形県立博物館の剝製《はくせい》など多くのカモシカを見てきたが、朝日連峰のカモシカは毛が白く、他所のものより体格が良いようだ。

世界的な発見、冬虫夏草

昭和三〇（一九五五）年頃のことである。

ある時江戸屋旅館から、お客様が山のことを聞きたいと言っているので来てくれな

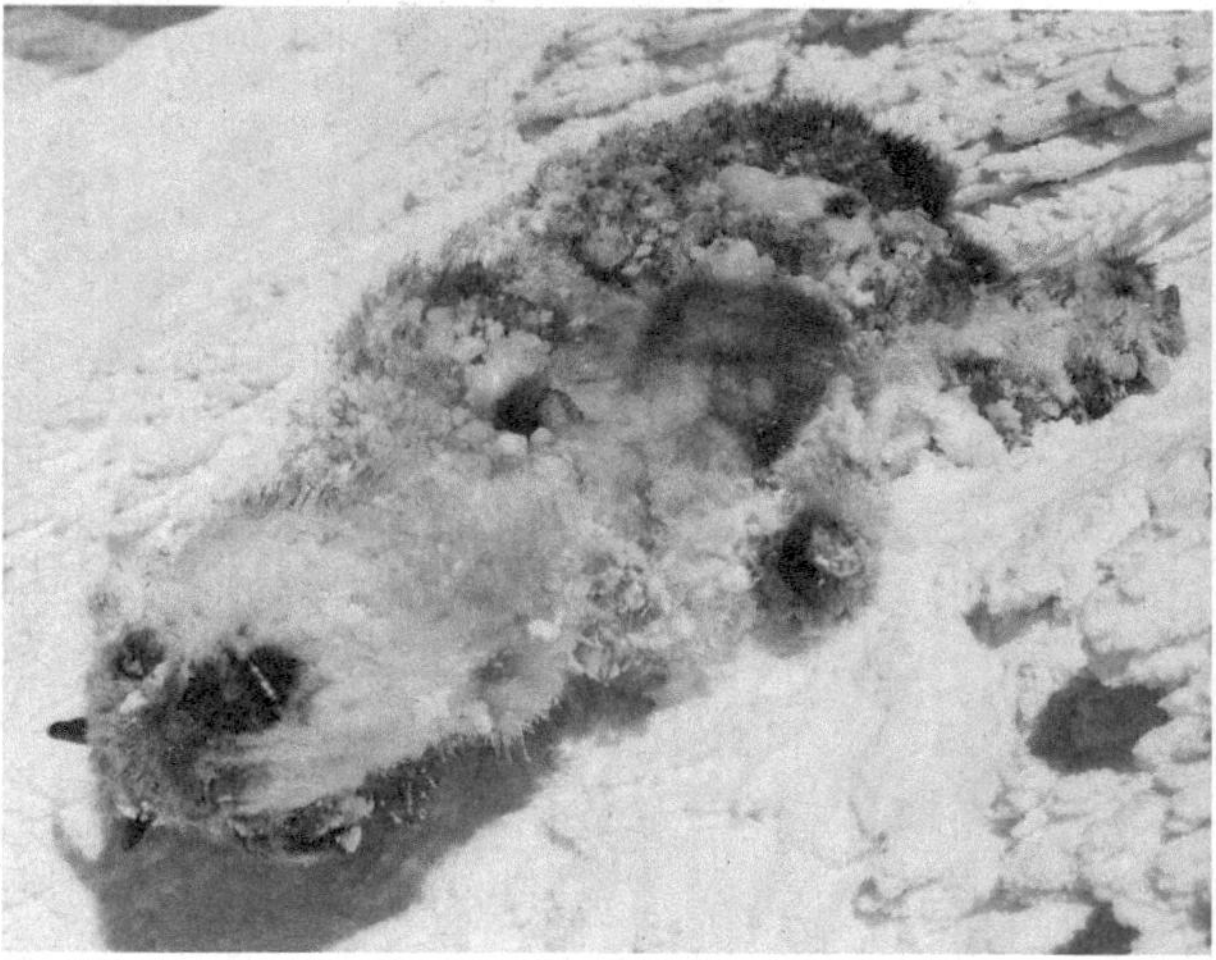

密猟されたカモシカ。
防寒用の靴にするため両脚を切り落とされている
（昭和63年4月、月山山頂にて）

いか、と連絡があった。夕食後旅館へ行ったら、そこにいらっしゃったのが菌類研究家の清水大典《しみずだいてん》先生であった。先生は冬虫夏草の調査に来たので、協力してほしいとのこと。まず五万分の一の地図を取りだし、標高六〇〇から七〇〇メートルくらいの場所で、純然たるブナ林でなくトチノキ、サワグルミ、ホオノキなどの混合林で、どちらかと言えば北向きの場所を図面に書き込んでほしいといわれたので、該当する数カ所の原生林を書き込んでその日は帰った。

翌日。再び旅館に行くと、先生はすごい勢いで、

「朝日連峰は正に冬虫夏草の宝庫だ。他所なら、一日二個も発見すれば鬼の首でも取ったようなものなのに、今日は七十数個も取れた。その上、種類も非常に多い」

と大喜びである。

先生は現物を見せながら、ひじょうに熱心に冬虫夏草の説明をしてくれた。

その後友達が、フクロウのくちばしに出ている冬虫夏草を持ってきた。昆虫の幼虫、成虫、蛹《さなぎ》に寄生するか、あるいはバクテリアのかたまり（地園子菌）に寄生する冬虫夏草は聞いていたが、動物の骨から生える冬虫夏草なんか聞いたこともない。

清水先生に電話で話してみると、六〇年くらい前、ヨーロッパと米国で「オニゲ

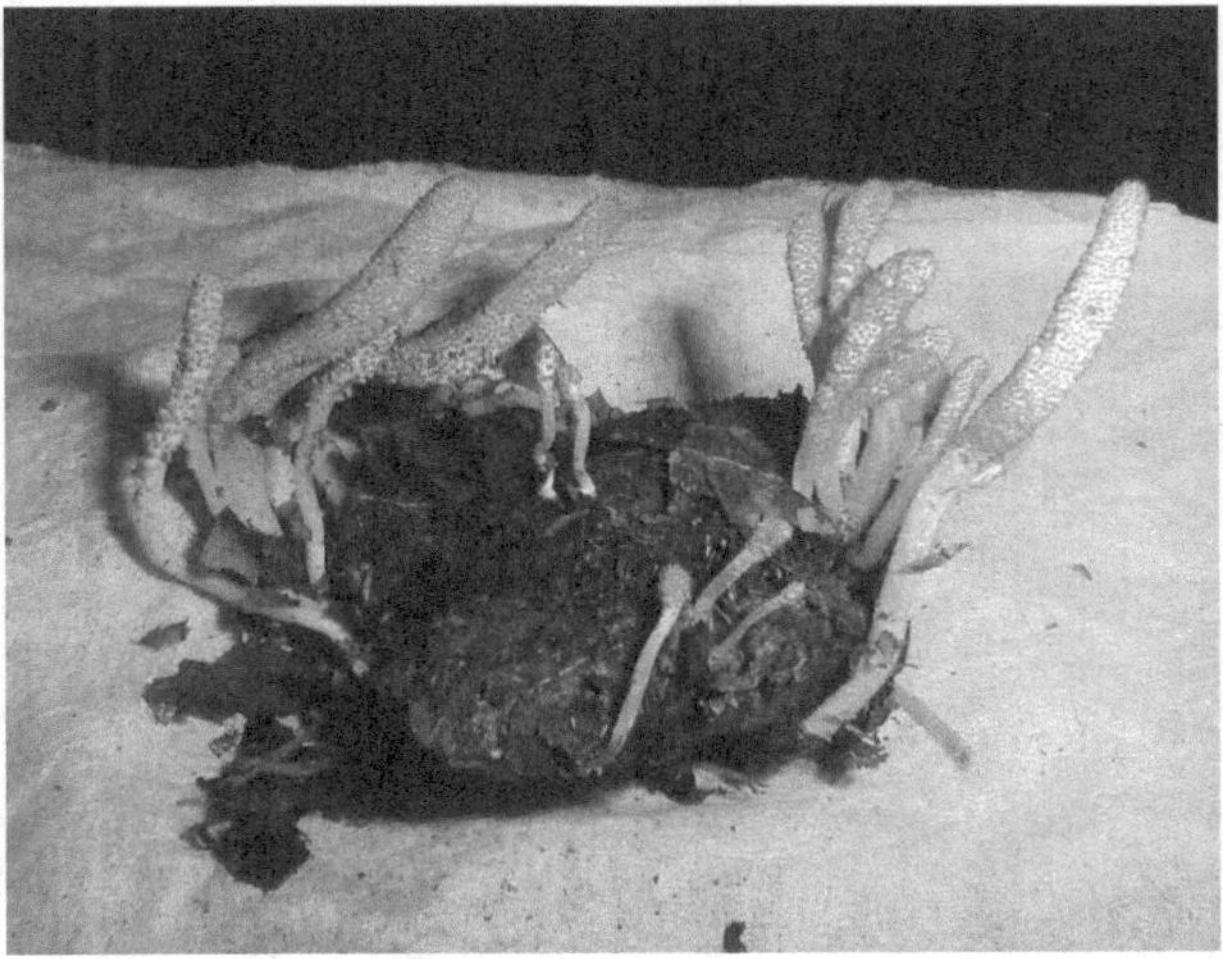

冬虫夏草。
かつてこの地方では、ブナ虫に生えた冬虫夏草が
大発生したことがある

ナ」といって動物に発生したものが二つ標本で残っているが、残念ながらその後見つかっていないという。調査の結果、やはりそれは「オニゲナ」であった。日本で一号菌である。

その後、カモシカの死体に生えた「オニゲナ」も朝日連峰で見つかっている。

第三章　山に生まれ、自然とともに暮らす

水とともにある暮らし

私は大正五（一九一六）年三月一四日に山形県西村山郡西川町大井沢に生まれた。

今年で九八歳になった。

我が故郷、大井沢は、地元の人に聞けば、

「大井沢は平家の落人《おちゅうど》集落」

と口を揃えて答える。

地区の各所からは、一万年から一万二〇〇〇年も前の石器が出土している。

農業作物の栽培の起源は七〇〇〇年前であるが、一万二〇〇〇年前の石器ということであれば、農耕が始まるまでの五〇〇〇年間は、人々はこの山地の豊富なブナの原生林に交わる動植物に頼り、生命を保ってきたのである。

これを「ブナ帯文化」とか「狩猟採集文化」とか言われるようであるが、つまりブナ林地帯でなければ人間が生きられなかったということだ。

私が子どもの頃、私の家の裏山へ三キロ程のところ、佐土《さど》の沢上流に、飲料水や生活用水を取るための堰《せき》が掘ってあった。記録にはないが、昔の人が苦労して山奥から水を引きこんだそうだ。そこから集落のそばまで水を引き、さらに家々に分けて使用していた。

それぞれの家の中には、水を溜《た》める「水舟」があった。風呂《ふろ》はその水舟から水を汲《く》み上げ、薪《まき》で沸かしていた。「鉄砲釜《がま》」という木の風呂だった。

食器を洗ったり服を洗濯する時も、洗剤は使わなかった。だから排水はそのまま裏の池へ流れていき、その池に棲《す》んでいた鯉が残飯や野菜くず等を食べて、大きくなっていった。どこの家でもそのようであった。

きれいな水が田んぼや川へ流れていた。家々のすぐ裏には落葉樹や杉の大木が生い茂り、沢水は冷たくおいしかった。川の水もきれいで冷たく、魚ならなんでも棲んでいた。岩魚《いわな》、かじか、鯉、ふな、ます、めだか、ドジョウ、油ハヤなど、淡水魚なら何でも泳いでいた。

私が物心ついた頃には、私の住んでいた中村集落には二六、七軒の家があった。どの家にも子どもが四、五人おり、近隣の黒渕《くろぶち》や上島《じょうじま》、桧原といった集落からも大勢の子どもが学校へ通い、毎朝大変にぎやかだった。

私たち子どもは、学校から帰ればすぐに川へ繰り出し、水遊びをしたり魚捕りをして遊んだものだった。

生活の糧になったテン

昭和五（一九三〇）年に私は旧大井沢小学校を卒業した。卒業後は家業を手伝っていた。

私が一八歳になった昭和九（一九三四）年は、東北地方は冷害のため、凶作だった。山間部の大井沢は米の出来が悪く、われわれは秋口からスダミ（楢《なら》の実）やトチの実を拾ったり、ワラビの根を掘って冬越しの準備をした。

不作のせいでみんなの心の中は暗かった。

大井沢は南北一二キロの寒河江川にそって開けた村（現・地区）である。主要な交通路は大井沢峠を越えて当時の七軒村柳川《やながわ》に至る三里の山道であるため、炭を焼いて

真夏でも雪が残る朝日連峰の山々

も木を切っても運搬が不便で、生活の糧にはならない。そのため米の不作は深刻である。

この年の秋、政府が救済事業として、寒河江川沿いの道路の幅を広げ、砂利を川から道路へ上げる工事を実施した。村民の働ける者は全員出役して、出来上がったのが現在の県道大江西川線である。

この道のおかげで、翌年から自動車が大井沢まで来るようになった。

私も兄二人と三人で出役していた。しかし猟に良い日には、私と松夫兄さんは工事を休んで山に出ていた。

その日、朝方までは雪が降ったが、夜が明けたら晴天。獲物の足跡が良くわかるので、猟には絶好の日である。

松夫兄さんと二人で大井沢川を登ることにした。私は大クビレ沢から出谷沢を越し、兄は大井沢川を登り合流点から出谷沢を登って、上の平で落ち合うことにした。

一時間半程して尾根に到着した頃、兄が向こうの谷間から口笛を吹きながら急いで合図をした。

行ってみると兄が、

「テンの足跡がある。おっかけんべ」

と言う。なるほど新しいウサギの寝跡の上をテンが歩いていた。近いところの穴に入っているかも知れぬ。動物にはそれぞれの習性がある。これを早く知ることが猟の上手である。

引沢川の支流フッキレ沢口で、一つの小さな雪の穴に無数のテンの足跡があった。穴にそうっと近づいて数えると、入ったのが七回、出たのが六回。つまりはテンは穴の中にいることになる。

そうこうしていると、ひょっこり峯三《みねぞう》兄がやってきた。作業の方が今日休みだという。これは好都合だ。峯三兄が穴上の方で構え、私は沢底で待つ。雪を掘ると、中は岩穴だった。四時間程待ったが、穴の中のどこにいるのか見つからない。

「下の方には穴がない、上につながっているようだ。燻《いぶ》してみるべい」

そう言って枯れ枝を集めて火をつけた。

「一時間くらい煙が出る。気をつけろよ」

松夫兄が銃を持って出た時、いきなり黄色い金魚のような美しい色を見せテンが飛び出した。峯三兄と松夫兄の中間だ。発砲したなら危ない。

「危ない、射《う》ったら危ない」

テンを撃つどころではない。

その声に反応したのか、テンは二人から僅《わず》かにそれた。その瞬間、私と松夫兄が射撃した。

命中！

一発がテンの前足にあたり、テンの前足がとれてしまった。テンの皮は当時の相場で一五円くらい。砂利とりが一日五〇銭だから、いかに高価な物かわかっていただけるだろう。だから前足がとれてしまったのは痛い。

仕方がない。前足を縫い合わせ、皮屋に持っていった。一〇円くらいには売れるだろうと思っていたら、なんと根白の上物のために一八円になった。父が大喜びしたのはいうまでもない。


翌年の正月、竜ヶ岳の下でバンドリの食い散らかした小枝を見つけた。家に帰って父に相談したが、

「夜の金はいらん。体を悪くしたらだめだ。第一お前はまだ、一人で竜まではだめだ」

と許しが出なかった。バンドリは晴天の晩は射てない。薄曇りの月夜しかチャンス

はない。

この話を弟の研《きわむ》にすると、一緒に行くと言う。それではと父に話したら、二人で行くならというので許可が出た。

その日、早めに食事をとり夜食を持って出発。二時間半で目的地に着いた。日が傾き、薄暗くなってきたが、空はからりと晴れている。

仕方がないので少し離れたところで焚《た》き火をつけようとしていると、枯れ枝を集めに行った研が急にズドンと発砲した。暴発ではないかと心配して声をかけた瞬間、また一発。あわてて私が五、六歩かけ出したら、頭の上からバンドリが落ちてきた。

初猟で研の大手柄である。

その後私も一匹射って、二人して勇んで帰宅した。空には雲が、西から東へとちぎれるように流れていった。

われわれが撃ったバンドリの皮は、フランスへの輸出ものとなり、六円にもなったのである。

最初の召集、最初の戦闘

私が尋常高等小学校を卒業した翌年の昭和六（一九三一）年、満州事変が勃発《ぼっぱつ》。戦争の足音が高くなる一方で、当時の多くの若者にとっては軍隊が華やかなものに見えたのも事実だった。

私も軍人となってお国のために働きたいと思い、一九歳で志願した。ところが、体重と胸囲が足りなくて乙種合格。入隊することができなかった。

そこで私は、これからは機械の時代だと思い、とりあえず自動車を運転できるようになりたいと左沢町の共栄貨物自動車に入ることにした。時は昭和一一（一九三六）年四月であった。その間に二頭目のクマも射ち、射撃の腕も確実にあがっていた。

共栄貨物自動車では運転見習いをやり、入社翌年の七月には無事運転免許試験に合格した。

するとその直後の八月に召集令状、いわゆる「赤紙」が私のもとに届けられたのである。張り切って志願したら駄目で、職につけば今度は来いなんて、いったいこの世の中、どうなっているんだろう。私の心中は複雑であった。

昭和一二（一九三七）年九月一日、私は歩兵第三十二連隊に入隊した。これが最初の補充兵召集であった。この日、大井沢村だけで七人も補充された。そのため村を挙げての見送りとなり、何とも大げさな門出であった。

われわれ補充兵三六人は、第九中隊に配属された。

各人に軍服が支給され、

「ただいまからお前たちは軍人である。軍人は教えられたことをすればよいのである」

と訓示を受け、軍衣に着替えろと上官に言いわたされた。

早速ズボンを穿《は》こうとした人がいたが、

「誰に聞いて足を入れた。教えられたことだけをやれと言っただろ。まだ教えていないことを勝手にするな！」

といきなり上官が怒鳴り散らし、ビンタをした。

それから一年間は留守隊勤務だったが、毎晩のようにビンタの音が響き渡った。

昭和一三年九月一一日、訓練も終え、いよいよ大陸へ派兵である。出発前日と前々日に大雨が降ったため、奥羽《おうう》本線は至る所で不通となり、私は羽越《うえつ》本線の鶴岡回りで大阪にでた。そこから貨物船リオン丸に乗船。見送りの人もない、寂しい出港だった。

天候は船に乗った後も不順なままだった。朝鮮半島沖の海上は大荒れで、全員船酔い。上陸地には数日遅れて到着した。

船上で兵器係から実弾二四〇発と手榴弾《しゆりゆうだん》二発を渡され上陸。三日前上陸した部隊は、日の丸を付けて飛んでいる飛行機が来たので日の丸をふったら、飛行機から爆弾を投下され、多数の戦死者が出たので気をつけるようにと注意があった。とはいえ、同じ兵士の中にはポケット日支會話辞典を見ながら買い物に出かける者もいる。中国語が全然分からない私にはとんでもないことであった。

その後、何日かかけ、目的地の廊坊《ろうぼう》に着いた。北京近郊の廊坊は、その年の七月に日中両軍の武力交戦が起きていた。後に「廊坊事件」として知られる軍事衝突である。かなり緊迫した場所に派兵されたわれわれに、初日、衛兵所付近には行ってはいけないとの通達があった。しかし、行くなと言われると行ってみたくなるのが人の常である。こっそり行ってみると、とんでもないものが待ち受けていた。それは、首のない友軍の遺体が三六体。敵にやられたとのことで、ひょっとすると明日《あした》にはわれわれもこうなるのかと、暗澹《あんたん》たる気持ちになった。

翌日は一日休養。その次の日から早速敵軍討伐への出動命令が出た。これが最初の行軍であり、私の八年間二四〇回の戦闘の一回目である。

背嚢《はいのう》に弾薬、食糧、非常食、雨具や着替えなどをいっぱいに詰め、未明に出発、昼にはカンソンツンという町に着いた。

昼食をとろうとしたその時であった。突如周辺から敵の襲撃を受けた。われわれ兵士はもちろんのこと、分隊長も小隊長も中隊長も、初めて浴びせられた敵弾だ。必死に物陰に隠れるばかりで、全然応戦できないでいる。

私は、猟をやっていた経験から、どこから射撃しているのか、その方角は分かった。また、弾数からして相当敵兵の数も多いらしい。

間もなく大隊長宇野修一少佐殿が擲弾筒《てきだんとう》を最大射程で射てと命令を下す。平時には部下の兵士に威張りくさっていた分隊長はいったいなにをしているのか。大隊長が指揮しなければ何もできないのだろうか。

敵の射撃がおさまったところで、第三小隊より私に、

「上等兵を隊長とした五名の斥候を出し、敵情と地形を偵察すべし」

の命令が下った。小隊の上等兵は全員落伍《らくご》して歩けないので、一等兵の私に命が下ったのだ。

普通なら敵の掃射中に斥候兵など出せないが、初めての実戦だ。私にはある程度想定通りの命令である。

復唱。

「志田一等兵が長となり、五名をもって敵情と地形を偵察して参ります！」

いつもは威張り散らす連中はなんだろうか。歩けないのか、弾丸がこわいのか。

五人は敵前へ向かって前進を始めた。二〇〇メートルくらい進んだが、五人で行動すると高粱《コーリヤン》がゆれ目標になり、敵弾が集中して来た。

窪地《くぼち》があったので、そこにみんな退避する。五人全員で行動するのは危険である、四人はここで待て、自分一人で偵察してくる、だが戻って来るときは射つなよ。そう言い残して、私は単独行動をした。

進むこと二〇〇メートルくらい。低い土盛があって、そこから三〇メートルくらい離れて家がある。よく見るとその土盛には人影がないので、私は土盛の内まで侵入した。さらに四〇メートルくらい離れたところにちょっと高い土盛があり、そこから中国兵四、五人が盛んに射っている。

自分の射撃の腕だと、ここから三人くらいは倒せるだろう。だが、その後、四人が待っている地点に帰れなくなるのは確実だ。それだと偵察命令が果たせない。

慎重に引き返し、私の無事を笑顔で喜んでくれた四人とともに帰還し、隊長に報告して偵察任務は終わった。

その日の戦闘が終わって、私は地元の中山《なかやま》町出身の山川辰太郎《たつたろう》准尉から呼び出された。

山川准尉には、みんな一銭五厘の召集兵だなどと言っているが、ここまで兵一人を派遣するには莫大《ばくだい》な金がかかっている、無理をせず長くお国のために尽くすことが本当の御奉公である、と諭された。

戦場で銃弾が飛び交う時に敵情偵察をするというのは、どだい無理な話なのである。

同郷の兵を救出に向かう

我が部隊は、大隊長の陸軍少佐宇野修一、中隊長の陸軍大尉壽賀《すが》金三郎《きんざぶろう》の下、第一小隊長が高橋《たかはし》中尉、第二は石垣《いしがき》少尉、我が第三小隊長は島田《しまだ》正晴《まさはる》少尉だった。第三小隊には秋葉《あきば》、森《もり》、荒木《あらき》、遠藤春吉伍長《ごちょう》以下一四名がいた。第三小隊第四分隊が我が分隊である。

廊坊での戦闘が終わった後、我が部隊は河北《かほく》省を出発、山東《さんとう》省を経て江西《こうせい》省と討伐戦をやりながら行軍した。

この行軍で最初に得た教訓は、装具はなるだけ軽くするということであった。きつい行軍で足の裏全面にマメができ隊列から遅れたりすると、それは死を意味する。さすがに兵士なので銃は捨てないが、中には弾を全部捨てた者もいた。

朝日連峰と月山の山で鍛えた足だが、装具は軽いにこしたことはない。食糧は最低限定められたものだけを携行した。また大陸の夜は夏でも冷え込むが、シャツ一枚も持たず、代わりに現地で手に入れた枯れ草やワラを服の中に入れ、寒さを凌《しの》いだ。

行軍には歩兵だけでなく、戦車と飛行機も共同作戦を展開する。これがけっこう兵士にはきついのである。

行軍の途中で、低空で飛んできた飛行機が地上の部隊に通信筒を落とす。そこに「戦車隊は○○城に入城」との命令があると、地上の兵士は強行軍で目的地へと向かわなければならない。

戦車は鋼鉄の塊だから、いくら銃で撃ってもビクともしない。しかし、戦車兵がずっと戦車の中にいることはできないので、ハッチを開いて車外に出た時を狙って敵兵は攻撃してくる。そのため戦車とともに行軍する時は、休みなしで進み続けなければならない。一日で三六里（約一五〇キロ）も行軍したこともあった。

行軍中は食糧が三日間も届かないこともある。非常用の乾パンは部隊長の許可がないと食べることができない。そんな時は、時として徴発命令が出る。徴発命令が出たら、兵は行軍途中の現地の住民から、牛でも豚でも鳥でも勝手に奪い取ることができた。ろくに食事もとれないわれわれ兵士たちは、徴発命令が出るのをいつも待ちかねていた。

歌にもある通り、徐州《じょしゅう》へ続く道は一面の麦畑が続く。徐州はすでに日本軍により陥落しており、連隊はそこより南宿還まで追撃することとなった。

徐州周辺の戦闘は激しいものがあった。

その頃私はすでに上等兵になっていた。我が島田小隊には、山口村（現・天童市《てんどう》）の阿部《あべ》新之介《しんのすけ》君、朝日町の佐竹茂《さたけしげる》君と同郷の兵がいた。

この佐竹君が突撃中に敵弾で倒れ、私は彼を救出するよう命令を受けた。

敵弾が降り注ぐ中、佐竹君に近づいたが、彼は倒れたまま動かない。見れば銃弾の腹部貫通で、腰から出血している。まごまごすれば出血多量になると思い、私は彼のベルトを握り後方二〇〇メートルの衛生隊まで運ぼうとした。敵弾は私一人に集中、弾着により土をかぶる程である。

この時の敵兵は、弱冠一三歳から一五歳の学生軍だった。中国正規軍や八路軍《はちろ》なら、軍事拠点の陥落とともに逃走するのが普通だが、彼ら少年兵は日本の全軍隊が攻めてきてもこの徐州は決して陥落しないと教えこまれているらしく、壕内《ごう》の一人になるまで射ってくる。

その敵弾をかいくぐり、なんとか佐竹君を友軍の衛生兵のもとに届けた。

翌日病院に行ったら佐竹君は案外元気で、むしろあの猛烈な弾幕の中で志田上等兵は生きて帰るのは不可能だと思った、と自分を気遣ってくれた。

だがその数日後、排尿が出来ず、佐竹君は亡くなってしまった。

たった六人の警備隊

佐竹君が亡くなってから数日後、師団の方から自動車を宿還の本部まで届けるよう命令があった。

輸送隊は三日前に五二台で行動中に、敵の襲撃を受け全滅。車を運転できる兵がいないということで、私に白羽の矢が立った。もう一人はトラックの助手をやっていたので運転はできるという初年兵。本部までは三一里ある。

見知らぬ道だったが、二台だけで走ったのが幸いしたのか、敵も日本軍が通らないと思ったらしく、無事本部に到着する。

五日間を本部で過ごし、帰隊の命を受けて中隊に戻ったところ、みんなに幽霊だといわれた。それほど実は危ない任務だったのである。

帰隊して数日後、我が部隊も宿還城の連隊と合流、さらに旅団の作戦でそこから移動することになったが、私の中隊だけは警備のために宿還に残ることになった。

この宿還町の南を運河が流れていた。運河といっても、川幅は二〇〇メートルほどある。そこに船を並べ、その上に縦板を張り自動車の渡れる橋にしていた。それまでは一個小隊五〇人、機関銃と大隊砲一門で守っていたが、毎晩敵の攻撃を受けていた。そこをこれからは、一個分隊の六人で守れというのである。

われわれ六人は、この中渡口の警備隊に配置。六人といってもマラリアに罹《かか》っている兵もおり、まさに死にに行くのと同じである。

警備につくと、ここの集落で船頭をしていた人々が、橋ができたせいで生活ができなくなったと苦情を言ってきた。私は中隊と掛け合い、彼らに古い銃十丁と弾三〇〇発を渡して、付近の村長と話し合って料金を決めるなら、橋を通る人から通行料を取ってもよいと許可を出した。

そのうち、日本人の家に奉公していたので日本語が分かるという村長の娘から中国語を習ったり、集落の青年たちとパンツ一枚でマラソンをしたり、集落内のトラブルを解決したりして、彼らの信頼を得るとともに、中共軍、八路軍の情報を得ることにも成功した。

結局私が中渡口の警備隊にいた一〇〇日間は、戦闘はなかった。

その後私は他の任地に赴いたが、この地の村長連中がやって来て、志田を中渡口へ帰してほしいと要望されたという。

召集解除、再度召集、結婚、三度目の召集、そして終戦

召集されてから一年一〇ヵ月後の昭和一四（一九三九）年七月、私は陸軍伍長で召集解除となった。

中渡口の警備隊にいた時、一度敵のいる集落を討伐に行ったことがある。わずか六名で、持ち場を離れて行動するので、全員中国服を着用し、さらに集落内では盗みなどは絶対しないように厳命して出発した。

われわれは一キロ手前から発砲しながら集落に侵攻、しかし敵らしきものは見当らず、一時間くらいで引き上げた。

召集解除のとき、この時のことを部隊長から咎《とが》められた。任務中に軍服以外の服装で長時間も行動するとはもってのほかであるとのことだった。しかし掃敵した行動は殊勲甲に当たる。よって緊急除隊を命ずるということだった。

しかし、さらに一年も経たない昭和一五（一九四〇）年四月、再び召集され、今度は山東省済南《さいなん》の貨物庁へ赴くことになった。ここで私は移動修理班の運転手として、トラックにミシンや靴修理の道具を積んで、中国戦線の各地の前線を回ったが、病気のため翌年には内地送還となり、広島の病院で二カ月間を過ごすことになった。

山形に戻ってからは、山形県第一貨物自動車の修理部に就職した。昭和一七（一九四二）年四月のことであった。

この頃から戦局はさらに厳しくなり、この年の六月にはミッドウェー作戦の敗退、翌一八（一九四三）年五月にはアッツ島の玉砕、八月のキスカ島の撤退など、朝日連峰の麓《ふもと》の人里にも戦争が大きく影を広げていった。

すでに私は二七歳になっており、当時としては結婚して子どもがいても当たり前の年齢だったが、二度にわたる出征により、その機会が訪れることなく未婚のままでいた。しかし自動車会社にいる時に縁あって後の妻のキヨエと知り合い、結婚することとなった。

私は結婚のための休暇願を出すため本社へ行った。そこで待っていたのは、三度目の召集を伝える電話だったのである。

戦場へ行くからには、死は覚悟の上である。ただ、結婚してすぐ、妻を一人遺《のこ》すのはあまりに不憫《ふびん》である。私は結婚は三度目の召集の帰還後にすべきだと考えたが、妻の実家からは、ほとんどの人が出征するのに、そんなことを言っていたのでは一生結婚は出来ないといわれ、八月に式を挙げることにした。出征間際の結婚であった。

翌月、私は北京《ペキン》の第十九錬成飛行隊に入隊。妻はよく戦地に手紙をよこしてくれた。

そして私は唐山《とうざん》で終戦を迎えた。階級は陸軍軍曹であった。

夫婦二人で人生の再スタート

私はそのまま残務処理のため現地に残り、米軍や中国軍への武器の引き渡しを行い、昭和二一（一九四六）年二月一四日、米軍の上陸用船艇に乗って九州の佐世保《させぼ》着。そこで復員となった。

佐世保からは軍用列車で東京まで行った。自分で作ったリュックには、復員の時に軍からもらった金銭一〇〇円と米二升と若干の私物が詰まっていた。東京からの食物はない。買おうとしても、食物は一切売っていなかった。山形駅から間沢へ乗り換え、その間は何一つ食べずにやってきた。

間沢で腹ごしらえした後は、雪道を徒歩で六里歩かなければならない。相当吹雪いている。電話をするとちょうど峯三兄さんが途中まで迎えに来てくれた。

満二年五ヵ月振りの帰宅である。私はすでに二九歳になっていた。私の青春は、三回の召集による足掛け一〇年の軍隊生活で費やされた。

しかし、これからが私の人生の再スタートである。復員後はまた自然を相手の生活になった。

戦後の品不足はどう言ってよいか、不足よりも皆無に近かった。ご飯を炊く鍋《なべ》も手に入らない。塩もない、もちろん味噌《みそ》、醤油《しょうゆ》はそれ以上の不足である。米は一人二合五勺の配給制だった。

一家の大黒柱が軍に召集されなかった家は、生活基盤も出来ておりわれわれに比べれば楽な生活を送っていたが、われわれの財産は妻と私の二人の労力のみである。

夏は大工や工事の仕事をやり、初雪の頃には炭焼きもやった。この苦しい生活の中でも木炭品評会などに出品し郡で一番、県出品で三位入賞などと素人にはまれな成績を残し、炭も良いので使用する人に喜んでもらった。ただ炭焼きは手間がかかる上に原木代など経費がかかるので、二年くらいで止めてしまった。

それに、この稼ぎだけでは大井沢の長い冬を越すのは容易ではない。当時は働くというよりも生き延びていると言った方がよかった。幸い私は人よりも山や川を理解していた。休日はよく釣りに行ったが、それも楽しみではなく生きるためである。私には生活がかかっていた。一日本気で釣れば、土木作業員の日給の三倍くらいの収獲があった。

また復員してから間もなく、駐在所のおまわりさんから、壊れたままの猟銃をいただいた。君は軍の移動修理班にいたぐらいだから、修理して使えばいいとのことだった。駐在所には、銃身と銃床が分解された銃や部品がいくつか残っていた。私は本気で修理に取り組み、一発ずつだったら何とか射てるようにして、許可を取ってもらった。

その後私は、昭和二四（一九四九）年から四一（一九六六）年まで地元大井沢の猟友会の会長を務めることとなる。

猟でも釣りでも、何をやるにせよ私はかけ足に近い速度でその場所まで行き、昔の人ではとても行動出来ない範囲まで足を延ばした。そのため後に私のことを誰かが言うともなしに、〝風のおじさん〟とあだなするようになった。

こんな苦しい日々だったが、妻は暮らしには不平は言わなかった。

幸いなことに復員した年の一二月に、長男の忠喜《ただよし》が誕生。それ以降、二男二女の子宝に恵まれた。

また昭和二三（一九四八）年には二階建ての家も建てた。といっても、寝ている顔に吹雪が遠慮なく舞ってくるというあばら屋だったが、それでも待望の我が家であり、そこから戦後の家族の生活がはじまったのである。

国立公園の管理員に

戦後間もなく、磐梯山を国立公園にしようという運動が福島で持ち上がった。だが磐梯山だけでの国立公園指定は難しく、吾妻連峰《あがつま》を含む磐梯・吾妻・猪苗代《いなわしろ》地域、飯豊《いいで》地域、それに出羽三山・朝日地域の三地域を合わせた山岳地として候補に挙がった。

私は昭和二三（一九四八）年から朝日地域の調査に協力することとなった。というのも、朝日連峰は南北六〇キロメートル、東西三〇キロメートルあり、登山道もあまり整備されていない。そのためこの地域のことを良く知っているのは、クマ狩りをはじめとする狩猟者なのだが、彼らはみんな年をとっており、私以外に若くて地理に明るい人間がいなかったのである。

現地調査は道のない山中で野宿をしたり、山を越え川を渡っての調査行であった。この調査には、山形大学の地質学の泰斗である安斎徹《あんざいとおる》先生や、農林省造林保護課動物研究室の岸田《きしだ》博士、佐藤博士、白井柳彦氏等も同行した。

五月に入って雪が硬くなった頃、赤見堂《あかみどう》岳周辺や、大井沢川を取り囲む紫ナデ―障子ヶ岳―天狗角力取山というルートを調査した。夏には周囲の登山道の整備にも参加した。

ある時、県から国立公園担当の係長が来るから迎えに行くようといわれ、大井沢峠を越えて待っていた。ほどなくして係長の菊地《きくち》一郎《いちろう》さんがやって来たが、どこかで会っているような気がしてならない。菊地係長も私のことを気にしているようである。峠道を歩きながら話しているうちに、私が中国大陸で所属していた隊の中尉であることがわかった。

これらの調査活動の結果、朝日連峰の原生林とそれに交わる動植物の価値が認められ、昭和二五（一九五〇）年九月五日に朝日連峰を含む「磐梯朝日国立公園」が指定された。それと同時に私は朝日地域国立公園管理員に任命される。また、後述する自然博物館で標本展示するため公園内の動物を捕獲する許可もいただいた。

その後、昭和二六（一九五一）年には天狗角力取山に山小屋が建てられ、それまで未踏の連峰には高校の山岳部が集中するようになった。

二七（一九五二）年には私たちの手で、天狗角力取山から出谷川を越えてオツボ峰を通り大鳥池まで到達する登山路が出来た。その頃大鳥池では岩魚《いわな》がいくらでも釣れた。また北寒江山の山頂直下に狐穴《きつねあな》小屋も建設した。

指導標を立てたり草刈りをやったりと、この広い連峰を一人ではとても回りきれず小国口と大鳥地区に管理員を増員していただいた。

私はますます自然界に関わることになったのである。

天狗角力取山から障子ケ岳をのぞむ。
手前にあるのが昭和26年に建てられた天狗小屋
（昭和48年頃撮影）

「かもしか学園」

国立公園の候補地になったことは、村にも大きな影響を与えた。

昭和二六（一九五一）年、大井沢小中学校の佐藤喜太郎校長の発案で、学校教育の一環として自然研究が行われるようになった。最初、若い先生方が大井沢の貴重だということで捕まえた動物を剝製《はくせい》にしようとしたがうまくいかない。そこで大井沢猟友会や地元の人たちが動物の標本作りに協力し、学校の教室の一つを「郷土室」と呼んでクマ、カモシカ、イヌワシ、クマタカからオコジョ、ホンシュウモモンガ、ムササビ等まで動物の剝製標本を展示していった。さらに高山植物の植物園も併設したが、それをもとに二八（一九五三）年、「大井沢自然博物館」として一般公開した。それが翌年六月九日に県の博物館指定を受け、正式に博物館として発足することとなる。

私も国立公園内の動物を博物館の標本用に捕獲する許可をいただいていたので、この大井沢自然博物館には大いに協力した。

晩秋のある日、中学校で収穫祭が行われ、郷土室への協力者ということで私も招待された。教育委員や村議会議員と一緒に、生徒が苦労して収穫した餅米《もちごめ》でついた餅をご馳走《ちそう》になりながら雑談していた時である。佐藤喜太郎校長から、郷土室にはまだマガモの標本がないので、何とかならないだろうかと相談を受けた。

この時季マガモは根子川上流に渡ってくる。翌日、私は早朝四時に家を出発し、根子川へ向かった。一一月二四日のことである。

霜がかなり降りていて、徒歩で歩いている私の地下タビの跡が道に点々とついている。夜が明けると、この日はものすごい晴天だった。根子川橋を渡り、根子川沿いの道を上る。

落葉したブナ林の朝は本当に素晴らしい。幹の周囲が一メートル五〇センチにもなるブナの巨木に混じって、二メートルを超すようなトチやサワグルミが立ち並ぶ林は、とてもここが東北地方とは思えない。だがこの良い林も昭和三一（一九五六）年頃から営林署による伐採が行われてしまった。

原生林を歩くこと五時間、竜門《りゅうもん》滝も通り、いよいよ三沢口《さんざ》だ。

道路から静かに静かに覗《のぞ》いて見ると、マガモは一羽もいない。せっかく来たのに残念とやや身を乗り出すようにして眺めると、上流のカーブしている淵《ふち》のあたりに数羽泳いでいる。良かった、一羽は獲《と》れるだろう。下流に回って川底に下ると、カーブしているので幸いカモからは私は見えないようだ。対岸に渡って、大きな石の間を四つん這《ば》いで近づき、石の陰から鉄砲を出す。

多い所を狙い射つと、水面にはオスが二羽とメスが一羽浮いていた。

時間が早いので、まだ行ったことのない水神淵《すいじんぶち》に行ってみようかと思い立ち、上流へと上った。

とりあえず佐藤校長からお願いされた件はすませた。さてこれからどうしようかと石の上で思案していると、六〇メートルほど先の小朝日岳側の岸辺からクマが川を渡り始めているではないか。

私は、手にしていた猟銃の弾を、マガモを撃つ散弾からクマ用の弾に詰め替えた。クマはもう川を渡り、あと三メートルでまたヤブに入ろうとしている。一瞬で照準を定め、私は一発を放った。

クマはどっと倒れ、確かに命中したようだ。再び弾を詰め替えて近づいたが、動かないのがかえって不安である。万一のことがあるので不用意には近づけない。四メートルもある長い木の枝を切って、クマの体をつついてみたが動かなかった。やれやれ、絶命しているようだ。近づいて見ると、心臓が真っ二つに裂けていた。

大井沢自然博物館で子どもたちに剝製を見せる

さて、これからが一仕事だった。山に入ったのは私一人。クマの体に綱をつけ川を流して下り、道路からは一人でこのクマを背負って家路についた。

もちろんこのクマは剝製にされた。

子どもたちが動物の標本を作ったり植物の研究をしたり、それを村をあげて支援するわれわれの活動に注目したのが、動物学者で作家の戸川幸夫《とがわゆきお》先生だった。大井沢の小中学校をモデルにした『かもしか学園』という小説を新聞に連載。昭和三一（一九五六）年のことである。

物語は、三五年ぶりに故郷の学校に赴任した校長と二人の新卒教師が、子どもたちとともに自然教育を志す。それを妨害しようとする村のボスたちを相手に一人立ち向かうのが「風のおんつぁん」と呼ばれる猟師である。

昭和三四（一九五九）年一二月二一日、私はＮＨＫ山形の開局記念に、「私の秘密」という番組のゲストに呼ばれた。そこで戸川先生から、私が「風のおんつぁん」のモデルだと告げられた。その時までそんなことは、まったく思いもよらないことだった。

根子川遡行

寒河江川の支流である根子川は、水神淵までは一般の釣り師でも入ることができるのだが、戦前は水神淵から先、原頭である大朝日岳の金玉水《きんぎょくすい》までは誰も入っていなかった。こういった前人未到の地は、全国的にもほとんどないとのことで、遡行《そこう》を試みようとするパーティーが各地から来てチャレンジするのだが、誰も成功しなかったのである。

ならば地元の人で登ってみようと、私たちは昭和二八（一九五三）年に計画した。佐藤正治君と志田《しだ》清次郎《せいじろう》君と私の三人がメンバーである。

遡行時期は、最も水の少ない八月一〇日から二二日。

一〇日、遡行出発点の水神淵に一二時に到着。いよいよ遡行開始である。

滝の右岸をトラバースしてヤブを回る。わりと平坦《へいたん》で九〇メートルくらいで左に折れ、さらに右へ曲がる。小さな滝を越えて間もなく七メートルくらいの滝、これを第一滝とした。立派な滝である。右岸を巻いて間もなく第三の滝、五メートルくらい右岸を通る。第四の滝は初めて左岸を行く。滝の連続である。さらに第五の滝。四〇メートルはゆうにある。滝つぼも大きく深い。左右両岸とも岩の直立で足場はないので、泳ぐことにした。

根子川特有の岩をつたって落ちる滝である。そんな滝は、わらじ履きでなければ登ることはできないだろう。水温は一七度で、水神淵より一度低い。

ここより一八〇メートルくらい先が横松沢の合流である。横松沢はクマ狩りの場で、私もここで昔クマを射止めたことがある。沢底の岩石の大きいのに驚く。

横松沢からは小さな滝が二つあるだけ。ここまでにヤマセミ、カワガラス、ノスリ、トビを見た。

五万分の一の地図では、本流の右岸（古寺山の側）にコクラ沢とワサビ沢が合流して、本流に合流しているが、実はこの二つの沢は七五メートルほどの間を置いて別々に合流しているのである。

ワサビ沢の合流の上流に七メートルの滝があり、足場がないのでワサビ沢を利用して右岸の台地を行き、本流に下りたその時、私は石の上で滑って転倒した。泥がわらじに付着していてスリップしたのである。出血はなかったが注意しなければならないと反省した。

ワサビ沢の合流地点より上流に注ぎ込んでいる柴倉《しばくら》沢は水温は一七度。本流より二度低い。柴倉沢にはまだ多量の積雪があるのではと推測される。また本流（ここからはソウカ沢という）には滝が多く、水温を上げているのかもしれない。

柴倉沢からさらに上流のタンノウチ沢のクマ倉の真下まで、大きな岩石の川原となる。二〇メートルほどの二階滝の下流の岩盤に幅三メートル、深さが二メートルくらいのまん丸な穴があり、その穴の中に約六〇センチくらいの石が入っている。洪水の時にはその石が水の力で回転するので、まん丸な穴が出来上がったのではと思われる。同じ様な穴が、幅約三〇センチ深さ一メートルくらいの小さいものであるが大井沢川にもある。

古寺山の鞍部《あんぶ》から流れるタンノウチ沢の合流点から大きく右に曲がった本流を行くと、第八の滝五メートルと第九の滝六メートルがあり、その左岸を進む。

小朝日岳の裏側がよく分かる。雨にあっても登山道にはどうやら出られそうだ。日が傾き、テントを張る場所を探した。斜面にはテント場はないが、もしもの時は逃げ場を確かめ川原にテントを張ろうとあたりを見てみると、川の真ん中に高さ三メートル、厚さ四〇センチくらいの岩が流れの中に立っていた。なんでこんな大きな岩があるのか、水の力か雪崩の力なのだろうか。

夜は普通の三倍くらい大きいブヨに悩まされた。

翌朝は七時に出発。ソウカ沢の左岸からの小さな沢の下で一一メートルくらいの第一滝が現れる。ソウカ沢は、大朝日岳と小朝日岳の稜線《りようせん》上の熊越《くまごえ》から発している沢である。

小雨が降りだしたが、沢底はわりと楽に進める。第一一の滝からまた連続して一二、一三と滝を六個程進むが、雨で増水して来た。先が心配である。中岳《なかだけ》の正面が近くに見える。

沢底を二〇〇メートル進んで小さな滝を越すと、ほんの少し雪が残っている。その側に私も今まで見たことのない花を見つけた。毒草のトリカブトと花の形は同じであるが、色は乳白色で、根本の葉はミヅカラマツによく似ている。大事に採集した。

雨は本降りになってきたが、沢の水量も源流に近いので遡行の妨げにはならない。八〇〇メートルくらいは難所はなく進むが、視界は二〇メートルほど。その場所は金玉水の縦走路から見える低いダケカンバ林なので、安心感はある。

清次郎君は雨が降っても難所であっても植物の記帳はやっていた。大朝日小屋から七分ほど下ったところにある金玉水が近づくと、ヨツバシオガマやハクサンフウロなど花を見つけた。途中でトガリネズミも捕獲した。

こうして人跡未踏だった根子川を遡行したのである。

エズラ峰登攀

エズラ峰は天狗角力取山の西、以東岳から東に走る尾根が一気に八久和川に落ち込む岩峰で、「エズラ」というのはアイヌ語からきている。

国立公園指定の記念切手になったほど特殊な岩山で、天狗角力取山から北寒江山の直下、狐穴小屋の近くの分岐点である三方境《さんぽうざかい》の稜線の途中のピークであるコバラメキ、オバラメキ、高松峰からの眺めが切手のモデルである。

高松峰には三角点の石標があったが、昭和四〇年頃に落雷があり石標は粉々に飛び散り現在はない。しかも東西に三角点を中心に深さ六センチくらいの地面が削られたので、実際の標高は知られている数字より低いのではないか。

このエズラ峰は、春のクマ狩りの時によく越える。また、その先のオツボ峰は茸《きのこ》採りにも行く。

昭和二八（一九五三）年、山形山岳連、鶴岡山岳会、山形大学山岳部が冬のエズラ峰の合同登攀《とうはん》を行い、これには私も参加した。

昭和三三（一九五八）年には、当時の大井沢山岳会の若者からエズラ峰を正面から登りたいと相談が出た。これまで誰も登ったことのないルートであり、岩壁で行手が遮られることも計算に入れなければいけないことと、途中飯が炊けないことも注意した。

私を含めてメンバーは六名。九月六日、天狗角力取山見晴台から出谷川本流、エズラ沢口を入山予定コースとして出発した。

見晴台から双眼鏡で、正面の岩稜から登攀が可能かどうかを探る。何人も寄せ付けない岩壁の岩肌が目に飛び込んでくる。絶対歩けない箇所は頭に入れ、目的地へ一歩進める。時刻は三時一〇分。エズラ峰を見上げて一同驚く。頭上にのしかかる岩肌は果たして登れるかどうか……。

クマもエズラ峰が人間を寄せ付けないことを知っていて、ここに逃げ込んだら出てこない。普通の山なら一気に通り越すがここだけは安全地帯なのだ。イヌワシも何時

天狗角力取山から三方境まで続く稜線
（昭和48年頃撮影）

も見られる。

その人間の寄り付けない所を登るのだ。それだけに期待も大きい。

まず頂上へ向けた沢にコースをとる。

午後五時、第二支流の上流でキャンプ地を探し、畳三畳くらいの岩棚を見つけ、ロープで体をしばり休むことにした。上をクマやカモシカが歩けば落石がある心配はあったがしかたがない。

この沢の上部には狭い沢に家程の岩石があり、登行不可能と見て沢石の斜面を巻き、オッボ沢との尾根へ出るルートをとることにした。

尾根は冬山で経験があるが、尾根には二つの岩峰がある。この二つを通ればエズラ峰からオッボ峰を通って以東岳の登山道までは楽である。

翌朝四時三〇分、朝食後出発。まず三〇メートルくらいの岩壁を突破しなければならない。もちろんザイルで六人連結だ。上も下も見ることはできない。手足の指の感覚だけ。五人つかまり一人だけの前進だ。この岩場を登りきれば急坂だが、木が根をはっている。危険だがザイルをとり、二〇メートルくらい登って一平方メートルくらいの足場を見つけアイゼンを交互につける。枯れ枝には注意をと何度か呼びかける。なんとか尾根に達した。この尾根はハイマツやシャクナゲのヤブで歩きにくいが、安全である。ただ二ヵ所ほど岩コブがある。そこが問題である。心配だが、通らなければならないコブだ。

最初のコブには木が生えており、無事通過できた。第二のコブも同様であるが、その岩壁には黄色がかったヒツジグサの花に似た形のものが数十個張り付いている。花の裏を返すと、クマの毛状の黒色をした「イワタケ」である。全山が花崗岩《かこうがん》の朝日連峰にもあるはずと探していたが、これまで見つからなかった。このイワタケは北限の発見である。

二つ目のコブを通り、エズラ峰の登頂は成功した。

エズラ峰から以東岳を通って大鳥池に下り、大鳥集落で一泊し、大井沢へ戻った。

朝日連峰は未《いま》だに知られていないことが多い。根子川遡行《そこう》では、オオレイジンソウ、オニタデ、チシマイワブキ等を発見した。また茶畑沢の入口で、四月の末に木のウロに黄色みをおびた花を見た。ブナの新芽には半月は早いのに、ツクバネウツキの花の格好でクリーム色であった。

場所は命がけの百間渡りを通らねば行けず、確かめられないのだが、もしかしてオオバヒョウタンボクではなかったろうか。

その時その時の変わる朝日連峰に惹《ひ》かれ、私は山の生活に明け暮れているのである。

積雪調査で遭難寸前

国立公園の管理員は、登山道や山小屋の整備などとともに朝日連峰の動植物や自然の調査など、その仕事は多岐にわたる。

昭和三三（一九五八）年三月九日、私たちは八久和ダムを造るための資料として八久和川最上流地区の積雪を観測するために調査隊を編成し、天狗小屋へ向かって出発した。

山形市内は春でも、三月初旬の朝日連峰はまだまだ真冬で、吹雪《ふぶ》くと気温も零下一五度くらいになる。降雪量も一夜にして一メートルを超えることもしばしばだ。雪崩もしょっちゅう起きる厳しく危ない時季である。

隊員の持ち物は手回り品と若干の食料品だけで、必要品は後日大井沢地区で人足を当て荷上げしてくれることになっていた。

翌朝早く、私一人天狗角力取山の山頂に立ったが、何となく今日は荒れ模様になりそうである。小屋に戻って、今日は天気が心配なので作業を中止してはと相談したが、天気予報は曇りとのことで、誰も私のいうことを信じてはくれない。それでも今日は二手に分かれ午前中に仕事を切り上げることになった。

作業目的地は二ッ石山からの西斜面標高一〇〇〇メートル地点と見晴台下向一一〇〇メートル地点。一〇時三〇分には終了し、集合後、天狗小屋へ帰るのであるが、その頃から少し雪が降りだした。そして小屋に着いた午後一時三〇分頃には吹雪になったのである。

あとで隊員の一人の気象学校の出身者から、なぜ志田さんは早朝の時点で天気が崩れることが分かったのかと聞かれた。空は鉛色で無風なのに主峰には山なりが響いていた。これは連峰が荒れる前触れで、私は過去に何回も荒天に見舞われた経験があったのである。

それから七日間、小屋から一歩も出られない日が続いた。天気は荒れに荒れたのである。

八日目の朝、ようやく雲一つない晴天になった。皆は出谷川（八久和川上流部）に下りる準備を始めたが、私は心配でならなかった。一昨日《おととい》と昨日は風もなく降り積もっているので、表層雪崩が発生する危険がある。せめて午前中だけでも待ってはどうかと話したが、調査が一週間も停滞したので焦っているらしく、岩屋沢を下った地点にテントだけでも張らなくてはという。

私は、沢底は絶対ダメで、尾根から一歩も斜面には足を出してはならない、と何度も注意した。

そして出発である。

天狗角力取山から一五分くらい下りた細尾根にかかった時、不気味なビーンという音と共に岩屋沢の南の斜面全体が雪煙に閉ざされた。表層雪崩の発生だ！

われわれの足元わずか五〇センチくらい離れた所が、すぱっと切れている。だから尾根から一歩も斜面に足を踏み出してはならないと注意したのだ。

みんな真っ青になり、命がいくらあってもたまったもんじゃない、もう今日は中止だと小屋へ引き返した。大井沢の連中も、私の他には雪崩の怖さを知らなかったのだ。

その翌日は早朝から出谷川に下り、テントと雪洞で無事に調査を行った。

そして登山の日から一三日目に下山したが、他の地域に調査に入った隊は、雪崩のため調査も出来ず遭難寸前で下山。その状況から見て、われわれの調査隊は「全員遭難か」の見出しで新聞に記事が出てしまった。隊員の家族からの問い合わせで、大騒動になっていたとのことだった。

その後五年間続けられた調査の結果、調査地区の積雪量は二億七〇〇〇万トンであった。

最初は相手にされなかった自然保護運動

志ある方々からは、朝日連峰ほど自然保護の運動が成功したところはないとよく言われる。しかし同時に、「もう数年早かったら」とも言われることもある。

昭和二五（一九五〇）年に国立公園に指定された時、正直に言って私は朝日連峰のブナはいくら伐《き》っても伐りつくせないと思っていた。当時、家から一歩外に出れば、そこには原生林がうっそうと生い茂っていた。そもそもその頃は、伐採は斧《おの》やのこぎりで行っていたので、自《おの》ずから伐採量には限りがあった。

ところが昭和三六（一九六一）年から、チェーンソーとワイヤーで集材が行われるようになると、伐採量が数百倍に膨らんだ。

標高一〇〇〇メートルくらいまでブナを伐ってしまうのだが、一〇〇〇メートル以上の場所ではブナの実は低地の三分の一しかつかない。そうなると、ブナの実を食べるクマは他の餌を探し、水中生物も減少、生態系も変わってくる。

また見附川は禿山《はげやま》が多く、一方根子川は密林地で、雨が降ると見附川は根子川より一時間も早く増水し、根子川は木があるため徐々に徐々に増水するので水害が少ない。これが伐採により見附川と根子川が同時に増水すると大井沢地区が災害を被る可能性がある。

こうなると、子どもの頃から山を歩きまわって知り尽くしている私には見ていられない。

私は昭和四〇（一九六五）年に町長のところに行き伐採の制限を申し入れたが、町長からは、

「営林署に伐るなと言ったら、町がたち行かなくなる」

と言われてしまう。

四二（一九六七）年には県知事にも面談を申し込むが、パルプ会社の名誉会長だっ

ブナ林を守る活動が評価され、
平成元年に勲六等単光旭日章を受ける

た知事は、

「ブナを伐るななんて、気が狂っている」

と言い放った。

たとえ狂っていると言われても、貴重な緑を守りたい。しかしその当時東北地方では、誰も自然を守るなどと言う人はいなかった。

博物館の設立に力を合わせた渡部市美《わたなべいちみ》先生が大江町貫見《ぬくみ》の古寺分校に勤めていたので相談に行った。すると先生から、日本自然保護協会主催の自然保護大会が富山県立山の千寿ヶ原《せんじゅがはら》で行われるので一緒に行かないかと誘われた。

当日会場には、登山家の村井米子《むらいよねこ》先生などもおられ、事務局の木内さんの紹介で、朝日連峰の原生林伐採状況を報告させていただいた。報告を終えて着席すると、さらに伐採による利害を話すよう言われ、再び登壇した。先に心配していたことを話したところ、大会では朝日連峰の原生林を守る決議を行った。

やはり行政を動かすには住民運動によるしかない。早速希望者を募り、四六（一九七一）年に「朝日連峰のブナ等の原生林を守る会」を組織して運動を始めたのである。

寒河江営林署（現・山形森林管理署）とは何度も会談したが、ここでは決着がつかないので、秋田営林局（現・東北森林管理局）局長に電話で連絡した。昭和四七（一九七二）年七月二四日九時に会うことになった。その日私は秋田へ行ったが、局長は出張不在。計画課長もおらず、帰ったら伝えますとのこと。寒河江営林署長ののらりくらりと同じである。

それならば林野庁の長官へと思い林野庁へ行ったが、長官には会えず。広報課長どまりである。長官と言えば大臣と同じ、どだい個人で会うという方が無理なのだ。ならば国会議員に話を付けてもらうしかない。そこで国会議員の木村武雄《きむらたけお》先生にお願いし、長官に直接会うことが出来た。そして翌年からは伐採量を四九パーセントに減らし、五一年度からは伐採を行わない、ということとなった。

その頃には守る会の東京支部も結成され、登山家や新聞記者なども加わってくれて、予想以上に効果があった。

最終的に伐採が中止されたのは五一（一九七六）年。声を上げてから一〇年以上もの年月が経った後だった。

山に生きる辛さ

私のように自然とともに生きるのは、往々にして都会の人々にとって憧《あこが》れの生活に見えるようである。確かに楽しい山の生活ではあるが、家計の方は決して楽ではなかった。

当時、工事の労働者は一日の賃金が一四〇円、登山道の整備は一日二一〇円だったが、国立公園管理員手当は一ヵ月わずかに五〇〇円しかなかった。この五〇〇円で私は登山道の整備の指導や担当地区の巡回、道標の手入れなどを一手に引き受けなければならなかった。山ゆえに、危険な箇所も多いにもかかわらずである。

この我が家の貧乏暮らしを支えたのが、春の山菜と秋の茸《きのこ》であった。だが、このただ一つの収入も、時には県の調査や何やでお流れになることも多かった。

九月二〇日といえば、大井沢は秋の初めで特産の舞茸《まいたけ》の最盛期である。昭和三〇(一九五五)年のこの日、映画の撮影隊に同行する話がきた。最初に同行するはずだった人は、舞茸を採りに行きたくて、多忙を口実に逃げてしまい、私にお鉢が回ってきたのである。

良い映画を製作すれば、世間へ朝日連峰を紹介するチャンスである。人が良すぎたのかもしれないが引き受けることとした。

ところが妻に話すと、明日《あした》から食べるものがないとのことである。

そこで私は、家の近くに見つけてあった舞茸が、二日後には一二、三キロにはなるはずなので採ってくるよう九歳になった息子の忠喜に教え、地図を書いて渡した。

「あの木は近いわりに誰も知らないので、登って採ってこい」

と言うと、息子は、

「オレ行ける。あそこのクルミの木の所から崖《がけ》登ってだべ」

と答えた。

とはいえ、さすがに幼い子ども一人で山奥にやるのはあまりに危ないので、本家に頼み、一人ついてもらうことにした。

翌日私は、三泊四日の映画製作のため出発した。

私の出発した翌々日、忠喜が学校から帰るとハケゴの準備をして、本家の人間と舞茸の木まで向かった。しかし、そこに二人が着いたら、誰かが今採っていったらしい茸のかけらがこぼれている。二人が来る前に誰かが採っていったのだ。

せっかく苦労して山奥まで来たのに、そこには何も残っていない。涙の出る思いで二人はしばらくその場に立っていたそうである。

そもそも、誰も知らないはずだと私が思ったのもあやまりだった。後から知ったのだが、昨年、弟の研がたまたま乗ったバスの運転手が、せっかくの休みの日に茸採りに山に登ったのに何も採れなかったといったので、その木のことを教えたのだそうである。

人のよいのも困ったものだと妻に笑われたが、わざわざ出かけて行った忠喜の心境は、今思い出してもかわいそうになってくる。

初冬のある日、妻が古いラジオを買ってきて子ども等がまわりで聞いていた。カアチャンが買ってくれたのだと幼いふみ子までが言っている。

その夜子ども等が寝静まってから、なんでまたラジオなど買ってきたのかとやや叱り気味に言うと、妻はこう答えた。

晩秋のある日の夕方、暗くなって忠喜が家に入ってこないので探しに出てみると、霙《みぞれ》が降る中、隣家の軒下に忠喜が立っていた。どうしたのだろうと思い静かに近づくと、かすかに雪囲いをした家の中から「赤胴鈴之助《あかどうすずのすけ》」のラジオ放送が聞こえてきた。

そのいじらしい姿に胸をうたれて、どうにかして家でもラジオを買ってやりたいが、新しいのはとても買えないので諦《あきら》めていると、今日中古品の良いのを間沢から来たラジオ屋が持っていて、またのチャンスがないので買ってやったとのことである。私は怒るのをやめ、翌朝子どもたちに「よかったなぁ」と言ったのだった。

第四章　岳人を助ける

高校山岳部の遭難

昭和四二（一九六七）年、私は前年に引き続き県観光協会（現・山形県観光物産協会）経営の蔵王山の家の運営を助けるため蔵王で働いていた。その後始末を終えて、我が家に帰ったのは四月五日の夕刻であった。

食事を終えて入浴している最中に、山形市立商業高校山岳部顧問のN先生とリーダーのS君が突然家に訪ねて来たのである。二人とも冬山登山の格好をしているのだが、本当に見かねるほどひどい格好で、疲労困憊《こんぱい》の様子である。そして、遭難事故を起こしてしまい、部員三人が死んでしまったので、申し訳ないが下山した、と言う。二人は疲れた足取りで江戸屋旅館へ向かった。そこで詳しい事情を聞こうと、私も旅館へ行った。

引率のN先生と山岳部の生徒四人の計五人は、春山合宿のため朝日連峰に登った。天狗小屋、狐穴小屋にそれぞれ一泊した後、寒江山を経て大朝日小屋に向かった。その当時途中の竜門山にはまだ避難小屋がなかった。

竜門山を過ぎた頃雪が降り始め、西朝日岳近くの稜線《りようせん》上では風も加わり、視界もきかず、いよいよ西朝日岳頂上ではコースも判らなくなった。

西朝日岳からの下りで生徒のI君はつまずいて、歩くのが困難になってしまった。西朝日岳の先の中岳を登り始める時には日が暮れ、天候はますます荒れていた。I君と、彼をかばって歩いていたS君が遅れたので、先行していた先生とH君、N君は、中岳を登り始めたところで二人を待っていた。

しかしI君とS君は、みんなが荒天の中でビバークしたと思い込み、二人もツェルトに潜るような状態でビバークしてしまった。そして翌日、I君は亡くなってしまった。

その日は一時的に天候も回復したので、心残りではあるがI君の遺体をその場に置き、四人は大朝日小屋に向かった。H君とN君は案外元気で冗談も言いながら歩いていたので、N先生はI君の介抱で疲労していたS君に付き添って歩いた。その後、H君とN君は空腹を訴える。N先生は二人に食事を終えてから自分の後を追って大朝日小屋にくるよう言って、先行した。中岳と大朝日小屋との距離は八〇〇メートルで、さほど高低もない、経験者から見れば到着したも同然であるが、実はここに落とし穴があったのではないだろうか。

山岳天候は瞬時にして変わる。二人が食べ終わった頃は吹雪になったのであろう。小屋では先生は放心状態のS君を介抱していたが、二人が到着しないので野外に出た。しかし視界がまったくきかず、捜索しようにも現場にすら戻れない嵐となっていたのだ。そしてH君とN君も死亡する。

翌朝、N先生とS君はやむなく下山し、私のところへ来たのだった。


われわれ救助隊二一名は、二日ほど天候の回復を待って出動した。大井沢から徒歩で雪を越えて根子沢から古寺鉱泉を通って小朝日岳、大朝日岳へ向かう。天候は快晴、風もない。午前一一時現場到着。マスコミのヘリは頭上を旋回しており、気になる。

三人の遺体は中岳付近で見つかった。H君は食事をした場所でリュックの負い革が寒さで凍って切れたらしく、途方に暮れた格好で死亡していた。N君はそこから北北東に二〇メートルくらいの地点で、リュックに靴のまま半身入った格好で倒れていた。I君は報告通りツェルトに包まれていた。

救助隊の二一人を三班に分け、三人の遺体の収容にかかる。シートやむしろで遺体を包み、大朝日岳の先の銀玉水《ぎんぎょくすい》まで運び、柴《しば》そりを作って搬送下山した。

後日この遭難事故は裁判となった。私は立会人と証人として裁判所や検察庁に何度も足を運んだ。

気象条件の変わりやすい朝日連峰

山岳遭難は、雨、風、雪、場所、時刻の何《いず》れも最悪の条件下で発生するものである。それだけに捜し方も十分にその状態を頭に入れているものでなければ、捜索どころか自分自身が危険になる。

山岳遭難救助の場合は、山全般の知識が必要になるのだ。

私は、昭和二五（一九五〇）年に磐梯朝日国立公園の管理員になると同時に、朝日連峰のことを良く知る人間として、地元・大井沢の猟友会の会長及び山岳救助隊の一員にならざるをえなかった。

今でこそ大朝日岳が百名山の一座ということもあり、朝日連峰は登山愛好家に人気の山並みであるが、国立公園の指定を受けるまではほとんど人が入ったことのない山であった。

大井沢山岳救助隊員は、山の知識が豊富な二三人で編成されている。私は山岳遭難対策委員会組織以来二七年間隊長を務め、数多くの遭難救助活動にあたってきた。われわれは事故の防止を第一に、遭難者を生存したまま救出するのを第二に活動してきた。

朝日連峰の縦走路は六〇キロにおよぶ。大朝日岳から大鳥池まで縦走には実に一六時間かかるうえに、そこでの気象条件は極度に悪い。晴天がわずか数十分後に嵐になったり、特に一〇月初めから四月いっぱいは一晩で降雪量が一メートルを超すこともある。

国立公園の管理員になった時、私が最初に取り組んだのが、登山道の整備とその中間位置に避難小屋を建てるよう県へ要望することだった。

昭和二六（一九五一）年に天狗小屋を建て、さらに狐穴小屋を建設。それでも当時は年に二、三件の山岳事故が発生したもので死亡事故も多かった。

町に遭難対策委員会が結成され、私は委員として、また大井沢方面救助隊員として昭和五七（一九八二）年まで務めたが、その間数多くの遭難現場を見てきた。

半年以上かかった捜索

朝日連峰が国立公園に指定されて私が山岳救助隊員となり、出会った最初の山岳遭難事故は、昭和二九（一九五四）年一一月二六日の山形大学山岳部の朝日連峰縦走隊が小朝日岳で遭難した事故である。

前年に彼らは大朝日岳の冬季登頂を果たし、この年は大井沢から天狗小屋、三方境、寒江山、竜門山、西朝日岳、大朝日岳、小朝日岳、鳥原《とりはら》山と縦走する計画だった。

冬の朝日連峰は天候が不順で、降雪が激しい上に雪質が悪く湿度が高い。そのためラッセルしながらの前進は困難を極めるので、冬季縦走登山はこれまで誰もやったことがない。山形大学山岳部が成功すれば初の快挙となる。

彼らは大朝日岳を登頂し、小朝日岳に向かい、途中の熊越に到着したという入電があった。熊越は最後のベースキャンプ地であり、ここから小朝日岳山頂までは急登で厳しいが、ここまで来れば縦走が成功したも同然だろうと、ひとまず安心していた。

ところが夕暮れ近く、ラジオで縦走隊が雪崩事故に巻きこまれ、隊員のNさんが間の沢に転落したとニュースが流れた。そのほんのちょっと前に、縦走隊の無線連絡所である江戸屋旅館で、縦走隊はベースキャンプ地の熊越に着いた、初の冬山縦走成功だとの報告を受けたばかりだったのに……。彼らは熊越からは小朝日岳の向こうの鳥原山の鳥原小屋まで、これまで何度も往復しているので、このまま問題なく下山してくるものだと誰もが思っていた。

山形からの本隊が霙《みぞれ》の中を大型トラックに乗って夜半までかかって古寺鉱泉口に到着。そこから鳥原山直下の古寺鉱泉小屋に向かったのだが、途中から腰まであるものすごい雪となり、二キロくらいはラッセルしながらの困難な道のりだった。

翌日も二メートル近い豪雪の中をラッセルしながらの前進である。虫が這《は》うようなスピードで、それでもようやく夕方近く小朝日岳の現場近くに着いたが、そこで雪崩が発生した。

小朝日岳南斜面は五〇度前後の急傾斜であり、積雪もあり、天候もいっこうに回復しない上に雪崩に巻きこまれる危険がある。このままでは救助隊も二重遭難しかねない。

山形大学山岳部の顧問の方々と協議した結果、これ以上の捜索は不可能ということでとりあえず下山し、雪解けを待って再捜索ということになった。

翌年三月中旬、山形大学山岳部のたっての願いもあり、再度私は捜索に出かけた。三月とはいえ連峰はまだ真冬である。

朝日鉱泉から鳥原山経由で小朝日岳に向かう。天候は快晴だが、一昨日《おととい》来の雨で現場近くから雪面はアイスバーンになっており、私はアイゼンを付けざるを得なかった。

小朝日岳で雪崩に巻きこまれたのなら、斜面の沢に流されていった可能性が高い。黒倉沢の支流の間の沢の源頭を捜してみる。間の沢源頭への下りは急坂の上にアイスバーンになっていたので、私がまずスコップで段を付け、さらにスコップの握りまで雪の中に差し込んで、みんなが下りてくるのを待った。

リーダーのUさんがグリセードで下って来た。そして一年生のK君も下ってきたが、途中でスリップしてしまった。このままだと一五〇〇メートルも滑落し、黒倉沢に落ちる。沢は多発するブロック雪崩の通り道、死はまぬかれない。私は片手で差し込んだスコップの柄につかまり、片手でK君を必死で抱きとめた。

結局この日は沢の源頭部分をことごとく捜索したが、手がかりは得られなかった。

四月の調査も雪崩の頻発にはばまれ、ほとんど捜索はできなかった。

そして五月の調査の時に、尾根から三〇〇メートル下った所の小さな沢の合流点あたりを遭難現場と特定。六月に入っても雪崩はたびたび発生していたが、捜索のために現場に入る。間の沢の上部は雪が消えていたが、中流以下にはまだ雪が多く残っていた。

沢の上の雪は雪橋（スノーブリッジ）となっており、ところどころ穴が開いていて沢底を見ることができる。遭難したNさんのお兄さんも現場を見たいと言うが、雪橋の穴はかなり危険な状態である。私が捜索隊の一同を集め、雪橋はひじょうに脆《もろ》く、時には人の声でも落下して雪崩が発生することもあるので絶対近づかないようにと話したその時、四〇〜五〇トンもありそうな雪渓が轟音《ごうおん》とともに一挙に落下。全員、顔色を失った。

志田さんの注意がないままに進んでいたら、新たな遭難事故になっていた、とみんなが言う。私は小さい時から父親に、雪橋はくぐるな、急斜面を尻《しり》に毛皮を敷いてすべるな、とよく言われていたのである。

雪の下の川底から遺体発見

そして七月一六日、捜索隊は鉱泉小屋に集合。黒倉沢合流から一二〇メートルの所に雪渓があり、本流の沢底にはまだかなり雪があるので、遺体は支流内にとどまっていることが推測される。朝日山岳会と大井沢山岳会も協力して、一挙に捜索発見を目指そうということになる。

一七日、総勢で現地入りするも手がかりなし。

一八日、天候快晴。捜索隊は、上流の黒倉沢から下るチームと、下流の朝日川から遡行《そこう》するチームに分かれ、川を詰めていくことになった。私は上流から下るチームに入り、小朝日岳を越え、熊越鞍部《あんぶ》から間の沢合流に急ぐ。

合流点の川底には大量の積雪が残っており、そこに間の沢の水が滝のように流れこむので、川底の雪に二メートル程の穴が口を開けている。

私は雨合羽で身をかため、懐中電灯を持ってザイルで降下した。三〇メートルザイルいっぱいで川底に着く。川底は雪橋の中なので真暗で、岩石が大きく、滝は頭からふりかかる。電灯が故障したら事故につながるだろう。不安このうえなしである。

足元を確かめ捜索を開始して、六メートルほど進んだところで輪かん、サブリュック、グランドシートが目に入った。サブリュックをザイルに結んで上に吊《つ》り上げて確認してもらったところ、Nさんのものだということがわかった。

三〇〇メートルくらい穴を進んだところで雪橋は切れ、いったん雪上に出る。川底の暗黒とは一変して太陽が、それこそ燦々《さんさん》と輝いていた。

二つ目の雪橋の中も調べたが、何も見つからず。やがて下流から詰めてきたチームと合流したが、そちらも鍋《なべ》のふたやコップくらいしか見つかっていないとの報告だった。

三つ目の雪橋には、私を含め三人が入っていった。

雪橋は吊り天井のようなものなので、危険この上ないのだが、注意のしようもない。慎重に進んでいったところ、先行した隊員が人間の足が水中に出ていると報告した。

遺体は、腰まである水の中で、木の枝にひっかかっていた。残雪にふれないようにザイルをなげおろしてもらい、遺体をザイルで確保して引き上げてもらう。われわれ三人は、今にも崩れ落ちそうな雪橋から逃げるようにして出てきた。

すでに夕刻過ぎになっており、道はひじょうに険しい上に、Nさんの遺体はかなり重く運搬は不可能である。非常措置として遺体を川沿いの残雪に埋め、われわれは小屋に急行し、さらに隊員二人は報告と今後の相談のために下山した。

翌一九日はものすごい雨。現場どころか小屋も出られない。

二〇日になってようやく雨も上がったので、遺体の回収作業に向かう。雪渓の中の遺体は、豪雨で雪が四〇センチも消えたため、再び川に流れる寸前であった。

遺体は、現地で火葬に付し、捜索隊の仕事は終えた。

前年一一月の遭難が、翌年の七月になってようやく終わったのである。その間、一二回もの捜索が行われ、私はそのうち九回、延べ日数で二七日間も捜索に加わった。

今回の遭難の原因はいったいなんだったのであろうか？

遭難は、縦走成功を目前にして昨年のキャンプまで無事到着して、みんなで万歳三唱をした直後に発生した。彼らに気持ちのゆるみがなかったのか。

小朝日岳の山頂は、大朝日岳方面から登った場合、古寺山を通って古寺鉱泉へ向かう北への道と鳥原山へ向かう東南東への道、二つの尾根に分かれる。この二つの道はほぼ九〇度の角度で分かれている。

彼らは最初、鳥原山のコースへ向かって下り始めたが、黒倉沢の断崖《だんがい》上に出て道を間違えたことがわかる。そこで下り始めた所まで引き返せばよかったのに、斜面をトラバースして鳥原山コースの尾根に移ろうとした。リーダーのUさんとT氏が尾根に到着した時、Nさんは彼らから一五メートルくらい遅れていた。Nさんの「あっ」という声に二人が振り向くと、Nさんは腰を掛けた様な状態で斜面をすべり落ちていき、小雨で発生したガスの中へ消えていった。

すべり出した場所は三五度か三七度くらいの斜面で、われわれも狩猟の際は平気で歩くところである。Nさんが転んだので雪崩になったのか、あるいは雪崩が発生してそれに乗せられ倒れたのであろうか。ただ言えることは、発生地点から数メートル下からは急に四二度の急斜面になっており、そこから間の沢の本流まで運び去られたのであろう。

冬山に登る人は、すべて計算に入れて行動してもらいたいと思う。

あわや二重遭難か

山形大学山岳部の遭難事故とほぼ同じ一一月の末、大朝日岳でも四人が亡くなる事故があった。

その日、大朝日岳から古寺鉱泉に下ってきた新潟山岳会のKさんらが、大朝日小屋から一六〇メートル下った所で仙台山想会の二人が倒れているのを見たと知らせてきた。仙台山想会は三人のパーティーだったので、さらに一人が行方不明。また、前日彼らと一緒に古寺鉱泉から大朝日岳に向かった証券会社社員のTさんも行方がわからなくなっているという。

私が古寺鉱泉に駆けつけた時は、すでに一二人の一行が捜索に向かった後だった。私も加わった後発隊一四人は正午頃に出発、古寺山まで登ったが、天候は荒れ風速は一五メートルくらいで、視界は二〇メートルもない。これ以上の前進は不可能である。やむなく古寺鉱泉に下山することにしたが、先発隊が戻って来ない。先発隊のメンバーには古寺鉱泉の小屋の管理人親子もおり、彼らはこのコースは眼をつむっても歩けるから、きっと大朝日小屋泊まりだろうとみんながいっているが、私は心配でならない。

翌日も悪天候は続いているが昨日よりは良い。出発の際に私は大江山岳会会長に、もしお昼まで先発隊と連絡がつかなければ二重遭難だと思われるので、その時は大江、朝日、西川町の冬山経験者への連絡をお願いすると申し出た。

ラッセルに時間がかかり一一時に古寺山に到着した。鉱泉に確認したが、いまだ先発隊からの連絡はない。小朝日岳に向かう尾根は、視界は一〇〇メートルくらいだが風が強い。まもなく約束の正午になるという一一時四五分頃、前方の小朝日岳の斜面から黒点が一つまた一つと現れた。先発隊だ！ 見れば一二人はみんな、カンジキを片方しか履いていない。凍傷になった人もいた。われわれの姿を見て、安心したのか倒れる人も出た。

聞いてみると、やはり彼らはほぼ二重遭難だったのだ。彼らは大朝日小屋から二〇〇メートルのところで引き返そうとして、道に迷い、カンジキで雪洞を掘って、ビバークしたそうだ。無線機もそこに置いてきたとのことである。

なにはともあれ、先発隊と合流したことで、いったん全員が下山することとなった。

無理な日程が事故を引き起こす

その次の日、私がリーダーとなり、冬山装備に身を固めた一〇人が出発した。遺体運搬用にシートや針金、ロープ等の装備も持つ。

下界は晴天無風だったが、小朝日岳と大朝日岳を結ぶ尾根の途中、熊越をすぎた辺りから風が強くなる。銀玉水では一〇〇メートルにおよぶ雪煙が舞い上がっている。風は強く耳をつきぬけて吹くように冷たい。

遭難現場は、大朝日小屋からわずか一六〇メートルしか離れていないところだった。そこには山想会の三人のリュックが整然と置かれてあってびっくりした。その脇に、Tさんのスキーのストックと、彼の会社の手ぬぐいも置かれてあった。

そこに山想会の二人の遺体が横たわっていた。その二人の間に五センチくらいの穴が空いていて、私がそこに手を入れて雪を取り除くと、もう一人の遺体があった。

新潟山岳会のKさんと友人の話によると、事故の前日、古寺鉱泉にKさんたちと、年末年始の荷上げのための仙台山想会の三人、そして単独行の証券会社社員のTさんの計三パーティー六人が泊まっていた。翌日、山想会、Tさん、Kさんのパーティーの順に出発。途中、Kさんたちは、単独行のTさんが古寺山と小朝日岳の尾根の途中のダケカンバの根元で休んでいたところを抜いた。その時Tさんは、「天候が悪いから戻ろうかな」と言っていた。結局大朝日小屋には、Kさんのパーティーが初めに着き、その後山想会員が着いた。

ここで昼ご飯を食べながら、Kさんたちは山想会の三人に泊まりを勧めたが、明日《あした》仕事があるからと言って下山準備を始めた。

ここから先は想像になるが、おそらくTさんは先行の二パーティーに引きずられるような形で大朝日岳に向かっていったのであろう。大朝日岳付近の尾根は非常に風が強く、山想会の三人の遺体があった現場はわずかに風がよどんでいる。風に前進をはばまれていたところへ、大朝日小屋から戻ってくる山想会の三人を見つけたので、喜びのあまり立ち上がり風にあおられ飛ばされた。そこへ表層雪崩が発生して、Tさんは流されてしまった。

目前の出来事に山想会の三人はリュックを置き、救助しようと黒倉沢の沢底のデブリを捜したが、時間と体力の消耗の限界で現場に戻り、雪洞を掘ろうとして、その途中で二人が死亡し、残った一人は雪洞の中で力尽きたのではあるまいか。

もしこの時、三人が大朝日小屋に泊まっていたら、遭難事故は起きなかっただろう。翌日が仕事ということで、予備日がないまま行動し、それが事故に繋《つな》がったのだ。

結局、山想会の三人の遺体は見つかったが、Tさんは行方不明のままだった。翌年、春から夏へかけ数回に及ぶ捜索でも発見できなかった。

そして八月二日夕刻、大江山岳会のS氏が、大朝日岳名物のY字雪渓上部に遺体を発見。翌日警察官らが現場に着いた時は、雪が溶けて遺体が沢へ落下しており、大朝日小屋の付近まで引き上げ検死を終えたそうだ。

気のゆるみから死を招く

仙台山想会の例を挙げるまでもなく、山で余裕のないスケジュールや無理な行動をとると事故に繋がることが多い。

かつて柏崎《かしわざき》山岳会のパーティーでも無理な日程で遭難した例があった。

九月末のある日、山形大学のO先生から一〇月一一日より北寒江山近くの狐穴にテントを張り、周辺の池塘《ちとう》の水質及び水棲《すいせい》動物の調査をやるのでぜひ同行してほしいと電話があった。

朝日連峰の初雪は例年一〇月一三日頃なので、テントはやめて天狗小屋から通ってやってほしいと返事をした。当時はまだ狐穴小屋や竜門小屋はできていなかった。

その日は快晴で、下界では雪の話などまだまだの季節なので、私の小屋泊まりの話に先生は不満そうだったが、しぶしぶ承諾してくれた。

一〇月一一日、天候は快晴。途中の竜ヶ池と障子池の調査をゆっくり終えて天狗小屋に到着。狐穴まで足を延ばせたらなぁと、先生はやや不機嫌だった。

しかし翌日は雨となり、お昼頃から気温も下がってきた。他の登山者も天狗小屋停滞となる。午後四時三〇分頃、単独行の登山者が嵐の中を天狗小屋に到着した。彼は大朝日岳から以東岳へ行き、そこから引き返して、三方境から二ツ石山経由でここへ来たという。

彼は以東岳と狐穴の間で誰にも会わなかったと言ったので、私は胸をなでおろした。昨日が快晴だったので入山して、この土砂降りの中を歩いている登山客がいるのではないかと心配していたのである。大鳥小屋を朝出発すれば、午前一〇時過ぎまでには以東岳に登頂できるだろう。彼が以東岳と狐穴の間を歩いていたのは午前一〇時頃から正午頃なので、そこで誰にも出会わなかったら、大鳥小屋方面から入山した人はいないと思われる。

その夜、雨は雪に変わり、天狗小屋で二〇センチほどの積雪となったので、一三日に先生と下山した。この日狐穴の積雪量は一メートルを超えたそうだ。

ところが私の予想を裏切り、この時柏崎山岳会の五名が入山しており、遭難事故を起こすのである。

彼らは翌日からの山登りのため徹夜で仕事を片づけて、一一日に大鳥小屋に入る。翌朝は徹夜の疲れで寝すごし、慌てて登り始めたものの、以東岳山頂に登った頃から急に天候は悪化してきた。そのまま引き返せばよかったのだが、彼らは大朝日岳を目指す。途中から雪が降りはじめ、やがて吹雪となる。中岳付近で一人が倒れ死亡。残りのメンバーはなんとか大朝日小屋に到着したが、そこで気が緩み、到着後一人死亡したとのことであった。

やはりスケジュールに余裕がないうえに、徹夜が原因で朝の出発が遅れ、疲労もあって遭難したのではないかと私は推察する。

なおリュックを背負って歩く体力があるのに、なぜ到着したら死んだのか不思議に思われる方もいるだろう。

以前父に、極度に疲れた人に会ったら、ほっぺたくらい殴ってやらないと、気が緩み死に繋がることがあると言われたことがある。

私が竜門小屋の管理をしていた時のこと、前日からの雨で小屋が満員であった。そこへ夜中一一時頃男一名女二名の登山者が到着した。入口の戸を開けて入ってきたが、雨具もとれずリュックも下ろせないくらい疲れている。

私は甘い言葉を掛ければ命に関わるかもしれないと思ったので、とっさに、

「なんだ、こんな時間まで歩きまわるなんて！　登山をやる資格がない！」

と気合いをかけてやった。

本当は荷物を下ろす手伝いをしてやりたかったのだが、わざと乱暴な口を利いて、彼らの気が緩まないようにしたのだ。

あとで、竜門小屋の管理人はなんて口が悪いんだと驚いた人がいたという話を漏れ聞いて、ちょっと気まずい思いをしたものだ。

神秘的な大鳥池。
謎の巨大魚「タキタロウ」が棲息するといわれている

連峰最悪ガッコ沢遭難記

昭和四〇（一九六五）年頃には、朝日連峰のどこの遭難事故も私のところへ救助を求めて来るようになった。

八月に入ったある日の午後六時頃、竜門小屋の管理をしていた私のもとへ一人の登山者が救助を求めてきた。彼は、沢登りや岩登りで全国の岳人たちの間でもその名が知れ渡っている宮城県古川市《ふるかわし》（現・大崎市《おおさきし》）の山岳会「雪沓《ずんべ》山の会」のメンバーだった。

彼らは、寒江山の南西斜面を流れている岩井《いわい》又《また》沢の支流、前人未到のガッコ沢を遡《そ》行《こう》中に、沢をふさいだ残雪上を登行中、その残雪もろとも滑落。一時は全員ダメだと思われたが、一人が出血し、もう一人が肩を痛めて動けないので、救助してほしいとのことであった。

私は竜門小屋を午後六時三〇分に出発し、日暮沢《ひぐれさわ》小屋を通って下山。すぐに捜索隊を編成し、翌日ヘリコプターで隊員八名と共に狐穴へ飛んだ。

南寒江山より岩井又とガッコ沢出谷の尾根をくだり、尾根より今度は遭難箇所へと思われる支尾根を下る。道はないが、救助を求めてきたメンバーの示した位置が正しければ、私には行ける自信はある。山は険しく落石は許されない。沢底へ四〇〇メートル付近からは斜度六〇度から七〇度の岩盤で、ザイルなしでは行動できない。

大声で呼んでみたら、谷間から返事がある場所がわかったが、携行したザイルだけではとてもそこまで届かない。すでに時間は午後五時を過ぎている。

現場から最短距離の、北寒江山西方の源蔵《げんぞう》池から下りる決意をした。誰も歩いたことのないルートで、途中はクマの足跡やテンが非常に多く、殺気すら感じる。対岸の岩壁が頭上にのしかかっており、こんなクマも通れない所を登るのは無理だとおもっていたが、後日遭難者から、そこをクマが悠々と歩いていましたと言われた。

翌日、気流が非常に悪いので、午後三時三〇分までにヘリの引き上げる地点へ遭難者を運んでほしいと、自衛隊から要請が入る。

昨日の急斜面のルートを、けが人を背負うため二本のザイルを三本つなぎ、外にも一本付け四〇〇メートルの岩場を登り切った。三時一五分ヘリポートに到着。早速準備した発煙筒に点火して場所を指示し、小型ヘリで山形市の病院に飛ぶ。その数分後には濃霧が発生し、飛行不能状態になった。

この時怪我していたクライマーはHさんで、その後もたびたびお世話になっている。

茸採りの行方不明者

われわれ山岳救助隊が出動するのは、登山者が引き起こした山岳事故の時ばかりとは限らない。特に秋になると、茸《きのこ》採りに出かけて道迷いになる人が出る。その場合もわれわれが捜索に乗り出すこととなる。

昭和四六（一九七一）年九月末であった。

午後八時、秋の一日はもう闇に包まれていた。真っ黒な雲が空一面を覆い、今にも大粒の雨が降り出しそうである。そんなところへ、根子川の日暮沢付近で遭難者があるので、捜してほしいとの電話が入ってきた。

話によると、根子川の右岸を五人で茸採りにきた。昼は車に戻って食事にする約束だったが、一一時をまわった頃、七一歳と七三歳の二人は一足早く車に帰らせて、残る若い三人はあと三〇分ほど茸を探して車に戻った。ところが、先に戻ったはずの七三歳の一人がまだ着いていない。四人は午後ずっと、行方が分からなくなった老人を捜したが見つからず、暗くなってきたので捜索を依頼してきたのである。

夜間の捜索活動になるので、地形を良く知っている者を集め、根子川沿いの林道を捜索した。当時の規定では、警察署長の出動命令がなく捜索活動をして何かあった場合、保険が利かないことになっていたのだが、それでも一刻も早く遭難者を見つけたいという思いから、役場の課長や派出所の所長さんらが集まってくれた。

一緒に茸採りに行った仲間は八時間あまりも捜したが見つからなかったということであれば、どうやら行方不明の老人は根子川の支流のヌン沢に迷い込んだ可能性が高い。ヌン沢には数ヵ所の滝があり、普通には歩けない沢である。上流からT君を隊長に五名、下流から私以下四名で捜索を行い、途中で出会うことにして出発した。

隊員はみんなここの地形を良く知っているが、今にも雨が降り出しそうなのが心配である。岩魚《いわな》止滝を越えてしばらく歩くと、沢はいよいよ険しく滝の連続になる。山の素人が遭難したとすれば、こうした場所が多い。

私は、他の三人の隊員に滝の上部へと出る廻《まわ》り道を先に行ってもらい、自分は滝を高巻きしながらあたりを確認していった。そして、二つ目の滝をあと一メートル五〇センチくらいで登りきろうとした時、滝の上から誰か覗《のぞ》いているのに気付いた。思わず行方不明の老人の名前を呼ぶと、自分だという。

「発見!」

と大声で呼び、回り道を歩いていた他のメンバーを呼び寄せた。

彼は、歩いているうちに上流の滝壺《たきつぼ》に落ちて全身ずぶ濡《ぬ》れとなり、自力では動けなくなったのでここにいたと言う。だが真夜中のこと、われわれの懐中電灯がずっと先から見えていたはずなのに、なぜこの人は声を出して助けを呼ばなかったのか、今考えても不思議でたまらない。

捜索隊が現地を出発してからわずか三〇分で発見になったが、上流から捜索しながら下ってきているT君たちとの連絡もあるので、三人に発見者の収容を依頼し、私は上流に向かった。しかし滝をいくつか越えた時、懐中電灯が切れてしまった。沢の中は真っ暗闇だ。T君たちと合流するまでは不安でたまらなかった。

午後一〇時半には遭難者の家族や隊員など全員集合。もしトランシーバーがあれば、発見と同時に家族や捜索隊員にも知らせることが出来たのにと私が話したら、後で遭難者から一組のトランシーバーが送られてきた。

事故があっても生きて救助するのがわれわれの使命であるが、マスコミはなぜか死亡事故を取り上げる。常に事故が起こらないように心をつかってはいるが、相手があるだけになかなか難しいものだ。

常識ではかれない遭難者の心理

同じく茸採りに出かけて行方不明になった人を捜索した時の話。これは、遭難者の心理状態は通常の人とは違うというわかりやすい例である。

暗く冷たい雨がはげしく降る夜八時頃、旅館の親父さんから、根子沢上流に茸採りに行ったお客さんが帰ってこないので捜してもらえないかと電話があった。

早速遭難対策本部へ連絡をとり、捜索隊の招集編成をすると同時に、遭難者の同行者に聞き取りをする。それによると、朝早くに根子沢林道の終点に車を停め、雨が降っているので午前一一時に集合と決めて山に入った。一〇時頃、遭難者が途中でハケゴを落としてしまったので、戻って拾ってから車に帰るからと根子沢の方向に歩いて行くのを見た。その後その人は戻らなかったので、残った人で夕暮れまで捜したが見つからなかったとのことだった。

根子川は増水しているので渡ることはできない。私は捜索隊を二隊に分け、尾根の両側を捜索する他に、二名を尾根の向こうの古寺に向かわせた。

遭難者の家族には、遭難者は根子川沿いを歩いていたので、そこを重点的に捜すべきではないか、尾根の向こうまで人を割く必要はないと言われたが、遭難者は常識では考えられないことをやるので念のためです、と説明し、古寺の知り合いにも、古寺と古寺鉱泉の間を呼び子と声で確かめてくれるように連絡した。

現場は九時半頃から雪になり、寒さは耐えかねるものがある。夜一〇時に、捜索を切り上げ本部に集合。根子川一帯は何一つ手がかりなし。

明日《あした》の行動計画を立てながら、古寺に向かわせた二人が乗っていた車は確か夏タイヤだったが、この雪では根子と古寺の間の地蔵峠を越えるのは大丈夫だろうか、と心配症の私が気にしていた時、電話が鳴った。古寺で遭難者を発見したとの報だった。

後で遭難者に話を聞くと、ハケゴを捜しているうちに方向がわからなくなって、木に登ってあたりを見ていると、雲の晴れ間に古寺鉱泉小屋の屋根が見えたので、そちらに向かって歩いた。

しかし下ったり登ったりをくり返すうちに日が暮れて、林の中で一夜を明かそうと雨具のまま寝たが三〇分くらいで全身が冷えてがたがた震えてきた。呼び子の音が聞こえて思わず「助けてっ！」と大声を上げたが、後は一声も出ないくらい冷えきっていて、もしもう一時間ほど捜索隊と出会うのが遅れていたら危なかったとのことだった。

その日、雪は一夜で一〇センチも積もった。

出谷川をゴムボートで下る

朝日連峰は山だけでなく、水量豊かな渓谷や沢があちこちに流れ、それがまた大きな魅力である。そこには岩魚をはじめとする魚たちが数多く棲息《せいそく》し、全国から太公望たちを呼び集めている。そういった釣り人や、沢登り、渓流下りなどを楽しむ人たちが遭難するケースも多い。

六月初旬の朝日連峰はまだまだ大量の残雪がある。まして八久和川上流の出谷川は、残雪というより積雪である。川には雪解けの濁流がうずを巻いて岩も割るように流れている。

その出谷川を小さなゴムボートで下って八久和ダムに行こうとした釣り人が二人いて、予定の日を二日も過ぎているのに帰ってこないので、遭難したのではないだろうかと家族から捜索願が出された。遭難者は出発してからすでに一週間もたっていた。

その時はすでに私は捜索隊をやめていたのだが、たまたま本部へ顔を出したら、捜索隊は天狗角力取山経由で出谷川の支流の平七沢との合流点あたりまで捜しているのだが、風が強くなってガスも出ているとのことだった。結局その日の捜索は手がかりなしに終わった。

実は出谷川の支流の戸立沢の上流五〇〇メートルくらいのところに、落差六メートルくらいの滝がある。さらにその上下流共二〇〇メートルくらいは一枚岩のろうか状になっているので、逃げ場が無い。これは地図にも載っていないのだが、たぶん測量の人もそこには近づけなかったのだろう。私も一度遡行《そこう》していて進退きわまったことがあり、普通では行けない場所といっていいだろう。

明日はヘリコプターで川沿いを捜索するので、私にも同乗するよう要請される。ところがそんな話をしている時、田沢《たざわ》駐在所より二人無事と電話連絡が入った。

話によると、やはり滝で進退きわまり、ボートにロープを付けて一人がそれをつかまえて、もう一人が滝を飛び下り、そのあとで先に下りた人が岩につかまり、残った人も飛び下りたが、その反動でボートが流され二人も流された。着ている服も濁流に剝《は》ぎ取られるし、結局ボートはあきらめ徒歩で下ったのだそうである。

私が見た時は滝の落差は六メートルほどあったが、遭難者が飛び下りた時は雪解け水などで増水して、それほどの高さではなかったようだ。

雪解けの滝から墜落

六月初旬、見附川上流の水晶《すいしょう》滝で釣り人が流されて行方不明なので、捜してほしいとの連絡があった。二人で見附川の岩魚止めまで登り、帰路、水晶滝の上流五メートルくらいを渡渉中に流されて行方不明になったとのことだった。

誰かに教わったのか、水晶滝の上流を最初一人が流れを渡りきり、もう一人も渡ろうとした。最初の一人が岸に上ろうとした時、「あぁーっ」と言う声がしたので振り向いた時には、流されたもう一人の肩から上が見えたが、すぐに流され滝から墜落して姿が見えなくなったという。

実は見附川での釣りは、六月一日以降は禁漁期に入っている。また見附川は、朝日連峰特有の偏東積雪といって、新潟県側から吹雪で運ばれた大量の積雪のため、オバラメキ沢の合流点付近から岩魚止めまでは六月初旬も雪橋やクレバス、雪穴があちこちにあり、危険の連続なのである。よくそこまで行ったものだと思った。

滝壺《たきつぼ》にはブナの大木が倒れており、枝が滝の流れをふさいでいる。下流二〇〇メートルの地点にある雪橋の入口で懐中電灯が見つかったが遺体は見つかっていない。さらにその下流三〇〇メートルは積雪でうずまっており、真夏の釣りの時でも歩けない危険箇所である。

遺体が流されず、滝壺の中で枝にひっかかっているのかもしれないが、それを確かめるには、滝壺を塞《ふさ》いでいる大木を切らなければならない。それには電動鋸《のこぎり》やワイヤー、滑車などが必要だ。

翌日、電動鋸など相当な重量の機材をかつぎ、出動した。水晶滝はかなり上流にあり、山道とは名ばかりの山刀目道を歩いていかなければならない。

見附川の中流の湯沢と合流点の上流に大きな淵《ふち》がある。釣り人も歩けない所だが、右岸四〇メートルくらいの所を山刀目道が続いている。私が何気なく淵を眺めると、黒と青の色が見えた。首にかけた呼子を吹いて隊員を止める。淵の水深は二メートル五〇ほど。二、三人で淵へ下りてみると、黒いズボンと青いシャツが確認された。

ロープを川向こうまで張り、それに摑《つか》まりながら私は胸まで川に入る。雪解けの水は冷たいうえに、流れは相当急だ。遺体を棒で動かし、ロープでつないで対岸から引っ張らせる。

岸に着いた遺体を隊員が背負い、また山道を運ぶ。対策本部に着くと、遺族の号泣が待っているのだが、何度経験してもこの時が一番嫌な時である。

捜索の遅れが命取りに

大桧原川で釣りの人が遭難したらしいと出動がかかったのは、行方不明になって一週間も経ってからである。遭難者はバーの調理師さんで、女性関係のいざこざもあって行方をくらませた可能性もあったので、捜索のスタートが遅れてしまった。一週間後に彼の車が大桧原川の車道の終点で見つかったので、一応捜すことになったのである。とはいえ親戚《しんせき》も、車はカモフラージュで関東にでも逃げたのではないかといい、何とも真剣みに欠けていた。

それにちょうど三日前に大洪水があったので、手がかりを捜すのも大変なのが予想された。

大桧原川で遭難するとすれば、沢沿いでは前棚《ぜんだな》のトラバース、山道ではビツキ沢とゲンバナ沢の沢越しの二カ所である可能性が高い。隊を二つに分け、沢と山道に分かれ捜すことにしたが、前棚の下の小さな川原で点灯したままの状態の懐中電灯が見つかった。しかしトッサカ沢の合流点まで捜したが手がかりがない。そこへ今度は、ダム上流で衣類が見つかったと無線で連絡が入った。

人が急流に巻きこまれ流されると、衣類はほとんど脱げてしまう。しかし遭難者の家族や親戚は、その衣類は逃亡のための偽装ではないかと言いだす始末。日頃の行いは大切だなと、つくづく思った。

翌日は隊員二名と警察官に遭難者の家族も含め、月山沢の発電ダムから現場までをくまなく捜したが、手がかりは何も見つからない。今さらながら、親戚がいう逃亡カモフラージュ説もまんざらでもないなと思い始めた。

ただ、第三砂防ダムには先日の洪水までは水が溜《た》まっていなかったが今は満水で、排水口には流木がかなり流れ込んでいる。それを調べてみたいのだが、そのためにはゴムボートと箱眼鏡（ガラス張りの箱）が必要だ。それでも見つからなかったら、やっぱり関東あたりにいるのかなと警察とも話をした。

次の日、ボートに乗りダムにでた直後に遺体を発見。やはり本当に釣りに来て、遭難したのだった。

遺体は大腿部《だいたいぶ》を骨折し、そこが内出血でムラサキに腫《は》れ上がっていた。私の想像だが、遭難者は暗闇の中、前棚の岩場を渡っていて滑落。下流の狭い川原にどうにか這《は》い上がったが、骨折のため動けず、四日間その場で救助を待った。そこに懐中電灯があったのはそのためだ。そしてその後の洪水でダムにまで流されてしまったのだろう。

素行の悪さのせいで捜索が遅れてしまい、あたら助かるかもしれない命を落としてしまったようだ。

猟銃泥棒を追う

私は七〇年間も朝日連峰の山々を我が家の庭のようにかけずり回ってきた。その間には、他では経験できないような面白い事件にも出会うこともある。

ある日、大朝日小屋で青年登山家と同泊した。四月の末あたりから何度か山で見かけた青年で、ちょっと前も岩魚《いわな》の釣り方を教えたばかりだった。その日はイヌワシやクマの話に花を咲かせた。彼は工員だと言う。山登りが好きとはいえ、何日間も休暇をくれる会社も世の中にはあるものだと思った。

九月の末頃、出谷川に舞茸《まいたけ》を採りに行くと、彼が釣りをしていた。

今茸《きのこ》の出るのは出谷川の大木で、少し枯れ枝のあるのを狙って探すといい。赤く焼けた木は舞茸、倒木の三年くらい経過したものはカノカやナメコが出る、など茸の採り方を教えて帰宅すると、鶴岡の警察から電話が入った。

半長靴で長髪に黄色いリュック、学生ズボンの二〇歳くらいの男の人を知りませんかと聞かれ、さっき出谷川で会った青年にそっくりなので、彼なら天狗小屋に泊まっているというと、明日《あした》寒河江署から刑事連中が行くので、小屋まで同行してほしいとのことであった。

翌日、雨の中を四人の警察官とともに天狗小屋へと向かう。私にはなんということのない雨だが、なれない刑事たちにはかなりこたえたようだ。道中、小屋に着いても警察官であることは話さないでくれといわれる。

小屋はこの雨で下山を取りやめた一〇組くらいの登山者がいて、にぎやかだった。例の青年もその中にいたのだが、黙ってはいても何となく雰囲気が分かるのだろう。そのうち刑事の方から自分のことを口にしてしまい、それを聞いた彼は、自分が西大鳥川の小屋で猟銃を盗んだ犯人に思われて心外だと主張し始める。

先手を打たれて、刑事たちもその場で逮捕、というわけにもいかない。

刑事たちはこっそり私に、山小屋の非常用米を盗んだことにして逮捕したいと持ちかけてきたが、非常米は万一の時に山で誰もが自由に食べられるものだから、それを使ったのが犯罪にされるのはおかしいと断った。後で聞いた話だと、刑事たちは、志田の野郎は出しゃばったことをするヤツだから、ひょっとして共犯ではないか、などともらしていたようである。

しょうがないので刑事たちは、一応事情をうかがいたいので明日の朝、私たちと一緒に下の駐在所まで同行してはいただけないかと切り出し、彼は素直にはいと返事をした。名前を聞かれ、「斉藤一郎、二二歳」と答えたが、後で聞いた話だと、その名前はつい直前に読んだ古新聞の記事に出ていた有名人の名前だったそうだ。

その夜は明け方まで台風並みの嵐だった。こんな荒天の中、とてもじゃないが山道は歩けないだろうと刑事たちもタカをくっていたのだろう。彼は深夜に必要な最小限の身の回り品をナップザックに入れて戸外に落としておいて、早朝にトイレを装い逃走したのである。

悪天候の上に猟銃を持っている恐れもあるので、刑事たちは追跡することを断念して下山した。

翌日、警察犬を使って追跡したが、出谷川が増水したため渡渉出来ずに終わった。

それから一月《ひとつき》以上たった一一月一三日、すでに朝日連峰の山々は何日か降った雪が一メートルも積もり、数日続いた晴天で固く凍っていたので、私は天狗小屋を見まわりに行った。するとどうやら二日ほど前に彼が天狗小屋に来て、私の小屋用の防雪靴や缶詰、駐留軍放出の寝袋等を持っていったようなのである。

盗まれた品々はどれも古いものなので別に問題はないが、彼はたぶん東北人ではないようなので、東北の冬山の怖さを知らないとすれば彼の生命が心配である。私は各登山口を注意していただくように警察へお願いした。

するとその四日後、小国口に買い物に下山した彼が逮捕されたのである。

彼は新潟の大学二年生でクラス一番の成績を誇る秀才であったが、四月に旧友に仙人みたいな生活をしたいと言い残して行方不明になっていた。猟銃はクマから身を守るためで、三面小屋の近くに隠してあり、悪用するわけではなかったのである。

女の子を拾った話

奇妙な話といえば、山の中で女の子を拾ったという話もそれに入るだろう。

お盆休みを利用して朝日鉱泉へ湯治に行こうとした時のこと。朝日鉱泉には私の大先輩にあたる古川房吉《ふるかわふさきち》氏がいる。かつて、まだ未開だった頃の朝日連峰を歩いたただ一人の人でもある。房吉さんから、動植物の話はもとより、連峰のいろいろな話を聞くのが楽しみでもあり、また私の勉強にもなる。

その日、房吉さんから釣り竿《ざお》を借りて朝日川の上流に向かった。朝日川にはダムも発電所もなく、サクラマスが朝日川の支流の朝日俣沢の上流までのぼっている。サクラマスは釣れないが、その子のヤマメは面白く釣れる。三日前の増水のせいで、思ったよりも大漁だった。

帰路、合流点から鉱泉まで私の足で一時間である。ゆっくり帰ることにした。

その道に、数人の足跡があった。登山者なら合流点から同じ道なので、釣り人の足跡だと思った。ところがその足跡が、途中でなくなっているのに気付き、ふと川底を見ると一人の女の子が川の流れの中に立っていた。そこは岩壁が両岸に切り立ち、もっとも深いところで水深は四メートルか五メートル。とうてい普通の人が歩けるところではない。

私が「ヤッホー」と声をかけると、「救けて！」と女の子が叫んだ。

私は二〇〇メートルほど引き返して、女の子が立っている川の淵《ふち》に行った。見ると、彼女の顔は真っ白で、手には靴と画板を持ち、必死に流れに耐えていた。急いで彼女の手を取って、岸まで連れてきた。

「いったい、どうしたの？」

と聞けば、

「私の前を歩いていた四人の男が川に下っていくのを見たので、あとから付いていって川の中に入ってみたら、下流は淵になっていて下れないし、引き返そうにも流れが強くて動けなかった。流されないように必死で四、五〇分間頑張ってみたけど、どうにもこうにもなりませんでした。ヤッホーって声を聞いた時は、本当にホッとしましたよ」

彼女が見たのは、水中をもぐってサクラマスをヤスで捕る連中で、川の中を泳いで下っていったのである。

聞くと、彼女は東京の芸術大学の学生で、毎年グループで東北地方を旅しており、今年は朝日鉱泉に泊まって絵を描いているそうだ。私の持っていた予備のわらじを履かせて、川を渡って鉱泉まで同行した。

また、ある時のこと。大朝日小屋が改築されることになり、私も材木の運搬などに協力していた。その日はお盆過ぎの荷揚げで、古寺鉱泉から大朝日岳へ日帰りで運搬していたのだが、そのルートの銀玉水から大朝日岳への途中に一人の女性登山者が倒れていた。意識不明の状態である。

あわてて彼女を大朝日小屋工事現場に運び、テントに収容して看病したところ、ようやく意識を取り戻した。

聞いてみると、彼女は水戸の女子高校の生徒で、昨日友達と二人で大朝日岳を目指して登ったが、仲間は鳥原山で落伍《らくご》して引き返してしまった。残された彼女は単独で登ろうとしたが、途中で辛《つら》くなり、疲れから倒れてしまったのである。

仕方がないので一晩テントに泊めてやり、翌日一緒に下山した。もちろんリュックは私がかついでやった。

ところが先に下山した友達は、二人分のお金を全部持ったまま先に帰っており、これまたしょうがないので、帰りの旅費など私が工面することとなったのである。

山で出会った不思議な話

時々人から、七〇年間も山で生活していたのだから、下界では出会ったことのない不思議な体験や怪しい出来事はありませんでしたか、と聞かれるが、残念ながら私はこれまで火の玉とか狐火などを見たことはない。

ただ私の体験ではないが、前述した仙台山想会の遭難救助に向かい二重遭難しかけた先発隊の人々は、道に迷ってビバークした時、早朝に三つの火の玉が飛ぶのを見たという。

それはちょうど山想会の人々が遭難した場所から飛び立ったそうだ。

先発隊のメンバーは大江山岳会が七人、医者が一人、後に寒河江署の署長になる警察官など、どれも信頼できる人々ばかりである。

火の玉ではないが、私の体験としてはこんなものがある。

大朝日岳の頂上で日の出を見ていた時のことである。東の空に太陽が昇った時、反対側の西の方、遥《はる》か向こうの佐渡島《さどがしま》の方から紫色の太陽が昇るのを見た。

どういった光のいたずらなのか、生涯にたった一度だけしか目撃していないが、あの時の二つの太陽は今でも記憶に残っている。

著者の志田さんの義理の娘が管理する「朝日山の家」。
寒河江川の河畔に建ち、釣り人や登山客でにぎわう

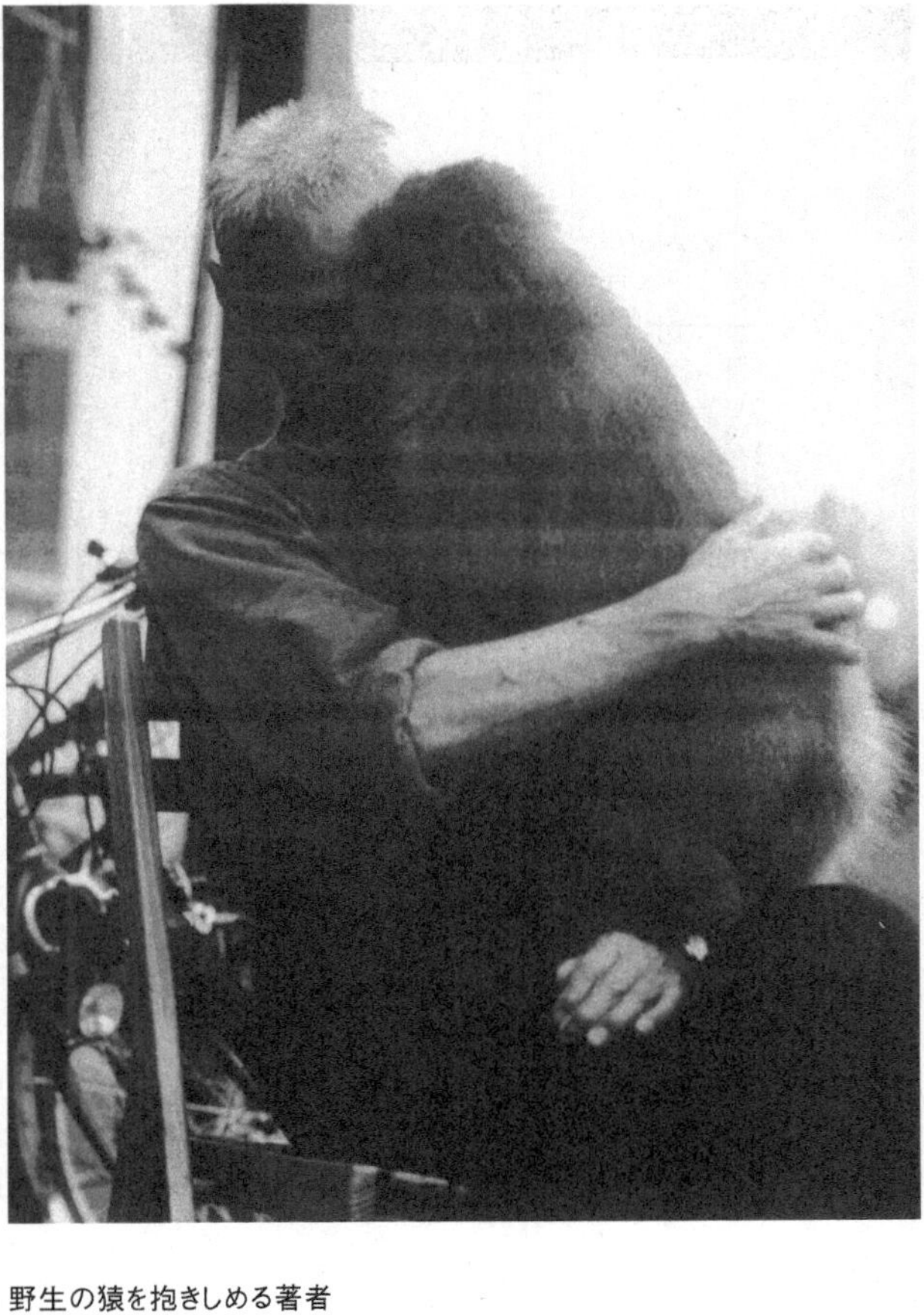

野生の猿を抱きしめる著者
（撮影:真木広造）

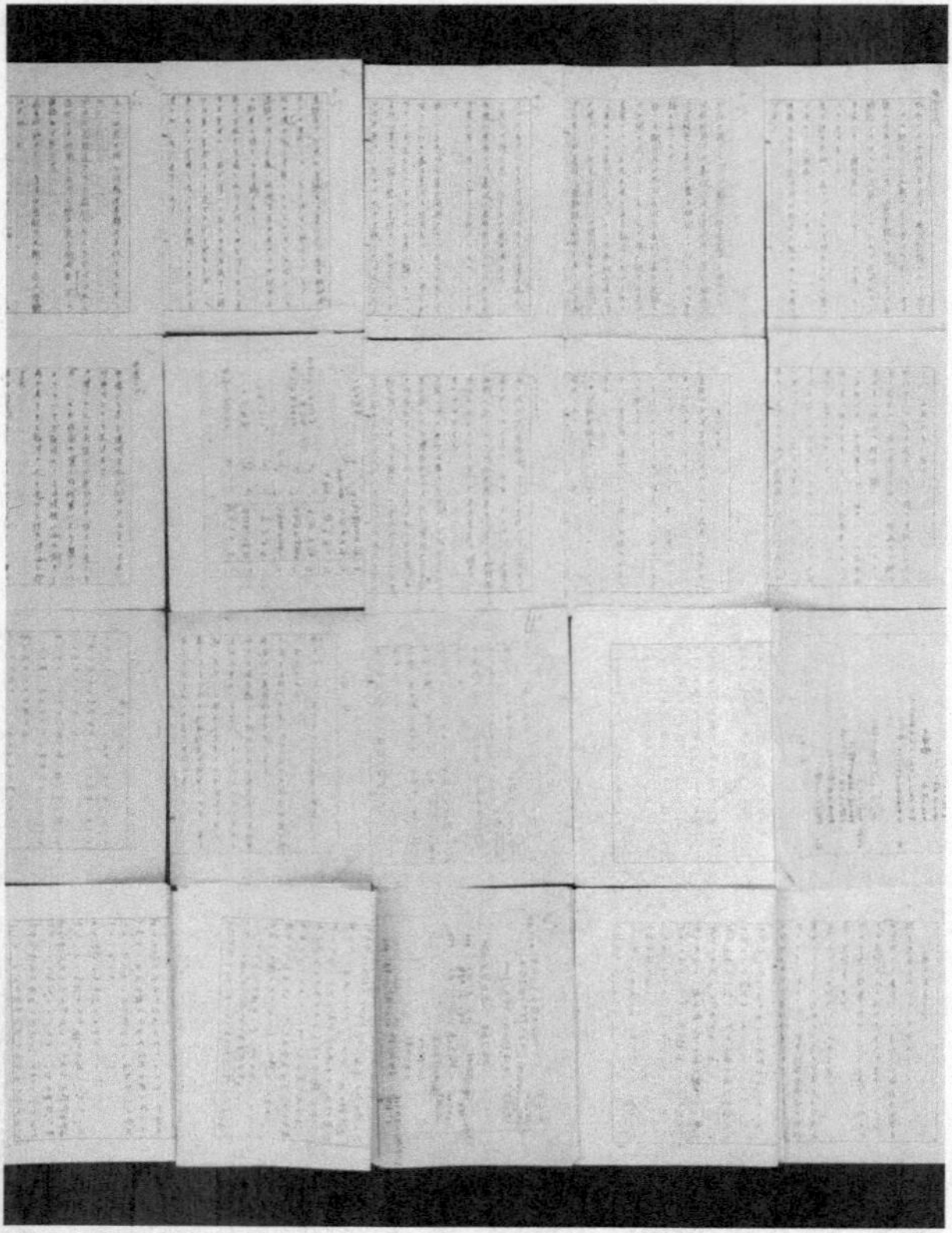

原稿は手書きで原稿用紙に書かれていた

写真提供　著者
真木広造

地図作成　オゾングラフィックス

編集協力　小川一博
安達友絵
水野　寛
朝日山の家
古里　学

本書は二〇一四年十一月小社より単行本として刊行された作品『ラスト・マタギ　志田忠儀・98歳の生活と意見』を改題し、加筆修正のうえ文庫化したものです。

山《やま》人《うど》として生《い》きる

8歳《さい》で山《やま》に入《はい》り、100歳《さい》で天命《てんめい》を全《まっと》うした伝説《でんせつ》の猟師《りょうし》の知恵《ちえ》

志《し》田《だ》忠儀《ただのり》

平成29年 3月25日　初版発行
令和７年 2月10日　７版発行

発行者●山下直久

発行●株式会社KADOKAWA
〒102-8177　東京都千代田区富士見2-13-3
電話　0570-002-301（ナビダイヤル）

角川文庫 20250

印刷所●株式会社KADOKAWA
製本所●株式会社KADOKAWA

表紙画●和田三造

ISBN978-4-04-105379-9　C0195

◆◇◇

角川文庫発刊に際して

角川源義

第二次世界大戦の敗北は、軍事力の敗北であった以上に、私たちの若い文化力の敗退であった。私たちの文化が戦争に対して如何に無力であり、単なるあだ花に過ぎなかったかを、私たちは身を以て体験し痛感した。西洋近代文化の摂取にとって、明治以後八十年の歳月は決して短かすぎたとは言えない。にもかかわらず、近代文化の伝統を確立し、自由な批判と柔軟な良識に富む文化層として自らを形成することに私たちは失敗して来た。そしてこれは、各層への文化の普及滲透を任務とする出版人の責任でもあった。

一九四五年以来、私たちは再び振出しに戻り、第一歩から踏み出すことを余儀なくされた。これは大きな不幸ではあるが、反面、これまでの混沌・未熟・歪曲の中にあった我が国の文化に秩序と確たる基礎を齎らすためには絶好の機会でもある。角川書店は、このような祖国の文化的危機にあたり、微力をも顧みず再建の礎石たるべき抱負と決意とをもって出発したが、ここに創立以来の念願を果すべく角川文庫を発刊する。これまで刊行されたあらゆる全集叢書文庫類の長所と短所とを検討し、古今東西の不朽の典籍を、良心的編集のもとに、廉価に、そして書架にふさわしい美本として、多くのひとびとに提供しようとする。しかし私たちは徒らに百科全書的な知識のジレッタントを作ることを目的とせず、あくまで祖国の文化に秩序と再建への道を示し、この文庫を角川書店の栄ある事業として、今後永久に継続発展せしめ、学芸と教養との殿堂として大成せんことを期したい。多くの読書子の愛情ある忠言と支持とによって、この希望と抱負とを完遂せしめられんことを願う。

一九四九年五月三日

角川文庫ベストセラー

荒俣宏の裏・世界遺産1
水木しげる、最奥のニューギニア探険
荒俣宏

師と仰ぐ水木しげる氏のたっての希望で、秘境・ニューギニアの最奥地への探険を、水木氏とともに決行することになった著者。生命の安全さえ保証されない決死的な旅の末に、二人が垣間見た楽園の真相とは？

赤い月、廃駅の上に
有栖川有栖

廃線跡、捨てられた駅舎。赤い月の夜、異形のモノたちが動き出す――。鉄道は、私たちを目的地に運ぶだけでなく、異界を垣間見せ、連れ去っていく。震えるほど恐ろしく、時にじんわり心に沁みる著者初の怪談集！

幻坂
有栖川有栖

坂の傍らに咲く山茶花の花に、死んだ幼なじみを偲ぶ「清水坂」。自らの嫉妬のために、恋人を死に追いやってしまった男の苦悩が哀切な「愛染坂」。大坂で頓死した芭蕉の最期を描く「枯野」など抒情豊かな9篇。

霧越邸殺人事件 (上)
〈完全改訂版〉
綾辻行人

信州の山中に建つ謎の洋館「霧越邸」。訪れた劇団「暗色天幕」の一行を迎える怪しい住人たち。邸内で発生する不可思議な現象の数々…。閉ざされた〝吹雪の山荘〟でやがて、美しき連続殺人劇の幕が上がる！

霧越邸殺人事件 (下)
〈完全改訂版〉
綾辻行人

外界から孤立した「霧越邸」で続発する第二、第三の殺人…。執拗な〝見立て〟の意味は？　真犯人は？　動機は？　すべてを包み込む〝館の意志〟とは？　緻密な推理と思索の果てに、驚愕の真相が待ち受ける！

角川文庫ベストセラー

山の霊異記　幻惑の尾根
安曇潤平

閉ざされた無人の山小屋で起きる怪異、使われていないリフトに乗っていたモノ、岩室に落ちていた小さな靴の不思議。登山者や山に関わる人々から訊き集めた、美しき自然とその影にある怪異を活写した恐怖譚。

きみが見つける物語　十代のための新名作　こわ〜い話編
編／角川文庫編集部

放課後誰もいなくなった教室、夜中の肝試し。都市伝説や怪談――。読者と選んだ好評アンソロジーシリーズ。こわ〜い話編には、赤川次郎、江戸川乱歩、乙一、雀野日名子、高橋克彦、山田悠介の短編を収録。

きみが見つける物語　十代のための新名作　不思議な話編
編／角川文庫編集部

いつもの通学路にも、寄り道先の本屋さんにも、見渡してみればきっと不思議が隠れてる。読者と選んだ好評アンソロジー。不思議な話編には、いしいしんじ、大崎梢、宗田理、筒井康隆、三崎亜記の傑作短編を収録。

ドミノ
恩田陸

一億の契約書を待つ生保会社のオフィス。下剤を盛られた子役の麻里花。推理力を競い合う大学生。別れを画策する青年実業家。昼下がりの東京駅、見知らぬ者同士がすれ違うその一瞬、運命のドミノが倒れてゆく！

ユージニア
恩田陸

あの夏、白い百日紅の記憶。死の使いは、静かに街を滅ぼした。旧家で起きた、大量毒殺事件。未解決となったあの事件、真相はいったいどこにあったのだろうか。数々の証言で浮かび上がる、犯人の像は――。

角川文庫ベストセラー

夢違
恩田 陸

「何かが教室に侵入してきた」。小学校で頻発する、集団白昼夢。夢が記録されデータ化される時代、「夢判断」を手がける浩章のもとに、夢の解析依頼が入る。子供たちの悪夢は現実化するのか？

鬼談百景
小野不由美

旧校舎の増える階段、開かずの放送室、塀の上の透明猫……日常が非日常に変わる瞬間を描いた99話。恐ろしくも不思議で悲しく優しい。小野不由美が初めて手掛けた百物語。読み終えたとき怪異が発動する――。

遠野物語 remix
京極夏彦
柳田國男

山で高笑いする女、赤い顔の河童、天井にぴたりと張り付く人……岩手県遠野の郷にいにしえより伝えられし怪異の数々。柳田國男の『遠野物語』を京極夏彦が深く読み解き、新たに結ぶ。新釈〝遠野物語〟。

群青に沈め
熊谷達也

昭和19年、潜水特攻隊伏龍に志願した少年を待っていたのは、予想を超えた戦時の「日常」だった。上官のイジメに怒り、ライスカレーをむさぼり、友人の溺死に涙する――戦時下の青春を描く新世代の戦争文学。

翼に息吹を
熊谷達也

一九四五年知覧特攻基地。死地に赴く若き特攻隊員の戦闘機をひたむきに整備する担当将校がいた。ある朝異常が発生したと万全のはずの一機が戻ってきて……戦後世代だからこそ描き得た切実な戦争青春文学。

角川文庫ベストセラー

光降る丘　熊谷達也

開拓者たちの初期の苦難……道なきところに道を作り、木を伐採して家を建て、結婚して家族が増え、仲間の死……3代にわたり東北を生きる現地の人々を取材し、復興のリアルを描いた感動の物語。

もしもノンフィクション作家がお化けに出会ったら　工藤美代子

『悪名の棺　笹川良一伝』などで知られるノンフィクション作家の日常は怪談だった！　衝撃の文豪怪談実話「三島由紀夫の首」ほか怪談専門誌『幽』連載エッセイをまとめた一冊が待望の文庫化。解説・角田光代

小説　秒速5センチメートル　新海　誠

「桜の花びらの落ちるスピードだよ。秒速5センチメートル」。いつも大切な事を教えてくれた明里、彼女を守ろうとした貴樹。恋心の彷徨を描く劇場アニメーション『秒速5センチメートル』を監督自ら小説化。

小説　言の葉の庭　新海　誠

雨の朝、高校生の孝雄と、謎めいた年上の女性・雪野は出会った。雨と緑に彩られた一夏を描く青春小説。劇場アニメーション『言の葉の庭』を、監督自ら小説化。アニメにはなかった人物やエピソードも多数。

小説　君の名は。　新海　誠

山深い町の女子高校生・三葉が夢で見た、東京の男子高校生・瀧。2人の隔たりとつながりから生まれる「距離」のドラマを描く新海誠的ボーイミーツガール。新海監督みずから執筆した、映画原作小説。

角川文庫ベストセラー

河童の三平　貸本まんが復刻版　(上)(中)(下)　水木しげる

神秘家列伝　其ノ壱　水木しげる

神秘家列伝　其ノ弐　水木しげる

神秘家列伝　其ノ参　水木しげる

神秘家列伝　其ノ四　水木しげる

河童にそっくりな人間の子ども河原三平は、ひょんなことから河童の世界に迷い込む。それをきっかけに、河童の長老の息子が人間世界へ留学することに……水木しげるが生と死、友情を描いた大傑作長編！

天使と話せたスウェーデンボルグ、空を飛んだミラレパ、ゾンビ伝説のマカンダル。夢見男の明恵。水木氏の先達とも言える神秘家たちの数奇な人生を飄々と綴る。妖怪になるプロセスがよくわかる漫画評伝。

目に見えない存在を感知していた神秘家たちを水木しげるが描くシリーズ第二弾。今回取り上げるのは、安倍晴明、長南年恵、コナン・ドイル、宮武骸骨。「見えない世界」を感知していた異人たちの半生とは。

神秘家といわれる人びとの半生を、天才・水木しげるが描く好評シリーズ第三弾。今回登場するのは、出口王仁三郎、役小角、井上円了、平田篤胤。世のフシギを追究した異人たちの姿がよみがえる！

強烈な個性を放つ「神秘家」といわれる人々を、妖怪漫画の巨匠が描く好評シリーズ第四弾。今回登場するのは、仙台四郎、天狗小僧寅吉、駿府の安鶴、柳田国男、泉鏡花。見えない世界が見えてくる！

角川文庫ベストセラー

ヒマラヤ漂流 『神々の山嶺』へ　夢枕　獏

2015年3月、夢枕獏と仲間たちは聖なる山々が連なるヒマラヤを訪れた。標高5000メートル超の過酷な世界で物語を紡ぎ、絵を描き、落語を弁じ、蕎麦を打つ。自ら撮影した風景と共に綴る写真&エッセイ。

呼ぶ山 夢枕獏山岳小説集　夢枕　獏

山を愛し、自らも山に登ってきた著者の作品群より、山の臨場感と霊気に満ちた作品を厳選し、表題作を併録。山の幻想的な話、奇妙な話、恐ろしい話など山のあらゆる側面を切り取った、著者初の山岳小説集！

司馬遼太郎の日本史探訪　司馬遼太郎

歴史の転換期に直面して彼らは何を考えたのか。動乱の世の名将、維新の立役者、いち早く海を渡った人物など、源義経、織田信長ら時代を駆け抜けた男たちの夢と野心を、司馬遼太郎が解き明かす。

八幡神とはなにか　飯沼賢司

辺境の名も知れぬ神であった八幡神は、なぜ神と仏をつなぐ最高神となったのか。道鏡事件、承平・天慶の乱ほか、その誕生と発展の足どりを辿り、神仏習合の形成という視点から謎多き実像に迫る新八幡神論！

折口信夫　魂の古代学　上野　誠

マレビト、依代、常世など数々の創造的概念によって独自の学問を切り拓いた折口信夫。その論争的な日本文化論の核心を、万葉に日本人の根を求める「魂の古代学」として読み解く。第7回角川財団学芸賞受賞作。

角川文庫ベストセラー

柳田国男　山人論集成

柳田国男
編／大塚英志

独自の習俗や信仰を持っていた「山人」。柳田は彼らに強い関心を持ち、膨大な数の論考を記した。その著作や論文を再構成し、時とともに変容していった柳田の山人論の生成・展開・消滅を大塚英志が探る。

遠野物語remix
付・遠野物語

京極夏彦
柳田國男

雪女、座敷童衆、オシラサマ——遠野の郷の説話を収めた『遠野物語』。柳田國男のこの名著を京極夏彦が〝リミックス〟。深く読み解き、新たに結ぶ。柳田の原著も併載、読み比べなど、楽しみが広がる決定版！

高野聖

五来　重

高野山を拠点に諸国を遊行した高野聖。彼らはいかに民衆に根ざした日本仏教を広め、仏教の礎を支えてきたのか。古代末期から中世の聖たちが果たした役割と、日本宗教の原始性を掘りおこした仏教民俗学の名著。

しきたりの日本文化

神崎宣武

喪中とはいつまでをいうのか。時代や社会の変化につれて、もとの意味や意義が薄れたり、変容してきた日本のしきたり。「私」「家」「共」「生」「死」という観点から、しきたりを日本文化として民俗学的に読み解く。

いまを生きるための教室
死を想え

池田晶子　宇野功芳
島田雅彦　布施英利
野崎昭弘　宮城まり子
養老孟司

なぜ生きる？　なぜ学ぶ？　〝私〟って何？　誰もが一度は必ず悩む人生の大きな問いに、各分野の第一人者が真っ向勝負で答える。直感的に感じるための教科書シリーズ。35万部突破のベストセラー、遂に文庫化！